知っておきたい 戦車模型の極めかた

Finishing Techniques of AFV Model

塗装／ウェザリングテクニックガイド

アーマーモデリング 編

大日本絵画

戦車模型の塗装とウェザリングを極めるとは!?

戦車模型は工作もさることながら、塗装やウェザリングが作品の仕上がりを左右する決め手となることが多いと言えます。ウェザリングなどは作業を重ねるたびにどんどん表情が変化していきます。基本塗装がスタートラインだとすると、ゴール地点でこれだけ変化する模型ジャンルはほかにはありません。そこも「戦車模型は塗装がおもしろい」と言われる要因のひとつです。そのためでしょうか？ 塗装方法は発展していき、基本塗装とウェザリングテクニックが多様化して複雑になっています。複雑といってもひとつひとつの作業はシンプルなものが多く、また用途やテクニックに合わせた専用の塗料も多く製品化されていますので、ベテランモデラーが行なってきた調色や希釈具合の塩梅も、それらの製品を使うことでほとんど必要ではなくなってきています。つまり、テクニックを知り、専用塗料の性質や使い方を理解することで、上級者のような"極めた"作品に仕上げやすくなってきているのです。そこで本書は数ある塗装テクニックから代表的なものを解説、またマテリアルの上手な使い方と合わせて紹介していきたいと思います。

基本的な塗装と
ウェザリングを行ない仕上げた例

●基本塗装を行ないウェザリングは足周りに軽くホコリ色を吹き付けただけ。あとはエナメル塗料でスミ入れを行ない、ディテールの輪郭を強調した作品。ひとつひとつの作業はていねいに行なっているので清潔感はあるが、ウェザリングにメリハリがなく新車のようにも見えることから、臨場感や迫力は不足しているのがおわかりいただけるだろう。また単色迷彩ということで、全体を均一に塗装しているので車体左右に付いているシュルツェン部分はとくに単調な印象となってしまっている。それでもプラスチックモデルとしては充分な仕上がりではあるので戦車模型をはじめたばかりならば、まずは目指していただきたい仕上がりと言える作品だ。

達人の入り口的作品!?
さらに良くなる可能性が!

●ピグメントなどのマテリアルを使いウェザリングを施した作品。リアリティーは高く仕上がっているが、迷彩塗装が施されているわりにはどこか淡白な感も否めない。ホコリの色が単調など、要因を挙げれば複数あるが、淡白な印象はもう少しミニチュアとしての「映え」を考慮することで変わってくる。映えは言い方を変えると演出という言い方が近い。この作品には重量感や臨場感を演じさせることで仕上がりが大きく変化する分岐点（出発点）にある作品とも言えるだろう。ここからさらにウェザリングマテリアルを使いアクセントや、時には過大な表現を盛り込むことで鋼鉄の重量感や使用感などを盛り込むことができ、結果迫力ある作品に仕上るだろう。

"極めた"作品の例 ウェザリングで
演出された迫力に注目!

●戦場の臨場感が伝わってくるような仕上がりの作品（製作／吉岡和哉）。剝がれかかった塗膜やさまざまに重ねられたウェザリングによっ「演出」されたこの作品は1/35スケールの戦車ミニチュア以上の存在感があり、まさに戦車模型を極めた達人の作品と呼ぶにふさわしい。その迫力を生み出しているウェザリングは市販のマテリアルを使うことで再現されている。ということは道具は誰でも同じものが使えるということだ。また達人モデラーは使いやすい塗料やマテリアルを熟知している。そのため塗料メーカーの製品開発に協力することも多く、それらの特徴や使い方をいちばん理解しているのだ。つまり、マテリアルの使い方やは達人に学ぶのがいちばんで、合わせて最適のテクニックも知っているということ。そこで本書では、テクニック面とマテリアル面の取り扱いでエキスパートなモデラーに集まってもらい、それぞれの塗装テクニックやウェザリングマテリアルを解説していく。

■本書に登場する塗装とウェザリングの達人モデラー

竹内邦之

●独特の荒々しい塗装作業からは、一見すると成功と失敗が表裏一体で破天荒な作風という印象を受けるが、じつは多くの経験と実験、そして"計算された偶然"を導く技術力によって作品を仕上げる技巧派モデラー。

吉岡和哉

●テクニックひとつひとつの効果が複雑に入り組んだ戦車模型の塗装をロジカルに解説できる数少ないモデラーのひとり。作品製作だけでなく、塗料メーカーと協力して塗料やウェザリングマテリアルのプロデュースも手掛ける。

高石 誠

●ドライブラシ以降、戦車模型の仕上げを一変させたその作風は多くのモデラーに影響を与え、その後の爆発的に増えた塗装テクニックの基礎となった。日本が世界に誇るトップモデラー。現状に満足することのない向上心の持ち主。

アダム・ワイルダー

●塗装やウェザリング用のマテリアルを上手く使いこなし、鉄の質感を作品に盛り込むことに長けたアメリカ出身のトップモデラー。氏もまた、自らの名前をブランド名にしたウェザリングマテリアルの開発、商品化を行なっている。

ホセ・ルイス・ロペス

●高いスキルが必要な塗装方法を簡素化できないかという発想で氏が生み出した塗装テクニック「ブラック＆ホワイト」は、世界中に、ときにはジャンルを超えて広がり、新たな基本塗装法として知っておきたい技法のひとつとなった。

ミゲル・ヒメネス
●世界トップクラスの実力を有し、すばらしい作品を仕上げると同時に、そこで使われたテクニックや作業自体も氏の作品と感じるほど、模型製作のすべてをエンターテイメントとして成立させたミグの愛称を持つスペインのモデラー。

■目次

戦車模型を極める!! そのまえに知っておくべき中級編 ……… 6	アルコール落としの効果を見る ……… 56
極めるために知っておきたい テクニックの名称と効果 ……… 10	アルコール剥がしで行なうチッピング ……… 58
塗膜を剥がしてチッピングを施す方法 ……… 16	塗装で"鋼鉄"らしさを演出する! ……… 61
	海外トップモデラーの技法を再現できるマテリアル ……… 66
塗装とウェザリングを極めし モデラーによる実践テクニック	複雑な技法を簡略化できる塗装術"B&W" ……… 71
自ら開発したウェザリングマテリアルを解説 ……… 20	ブラック&ホワイト技法で塗装する迷彩塗装 ……… 75
カラーモジュレーションとフィルタリングを使った色調変化を学ぶ ……… 28	色調操作で基本塗装に深みを出す ……… 79
ミニチュア映えとリアリティを両立させたウェザリング術 ……… 38	履帯仕上げの3パターンとそれぞれの工程を解説する ……… 84
海外のウェザリング専用マテリアルを使いこなせ! ……… 44	高石テクニックに学ぶカラーモジュレーションとウェザリング ……… 87
手早くリアルな埃表現ができるアルコール落とし ……… 50	奥付 ……… 96

戦車模型を極める!!
そのまえに知っておくべき中級編

製作・解説／齋藤 仁孝

基本塗装とウェザリングの達人たちの作品と、作業のステップバイステップをご覧いただくまえに、戦車模型の塗装をはじめるところから完成まで、スタンダードとも言える手順を紹介しましょう。

▶ここから車体の塗装に入る。塗料はMr.カラーのラッカー塗料を使い迷彩までの基本塗装を行なった。グリーン、ブラウンは「NATO軍セット」のものを使用している。

▶車体のベースにする色は、明るい色から順番に吹き重ねることで、色味がくすむことを防げる。まずは、ダークイエロー9に対してウッドブラウン1の割り合で混ぜた濃いめのダークイエローを隅や塗料がまわりにくい部分に吹きつけておく。

▶先ほど隅を塗ったダークイエローに白を加えて全体を塗装する。先に塗った色との違いを残してグラデーションをかけてもよいだろう。この方法なら色が乗りづらいダークイエローも、塗膜をいたずらに厚くしてモールドを埋めてしまうことなくキレイに塗装することができる。

▶今回モチーフにした、第12SS戦車師団所属車両615号車は、資料を見たところ、砲塔シュルツェン両脇にある国籍マーク（バルケンクロイツ）に迷彩色が被っているように見える。それを再現するために迷彩塗装まえにデカールを貼っておく。デカールを貼る面にはツィンメリットコーティングで凹凸があるので、「マークソフター」を使ってデカールを貼りやすくした。

▶今回はノルマンディ戦に参加した、第12SS戦車師団所属車両615号車をモチーフにしている。塗装前に資料写真をよく見て、パターンの流れ方や面積など特徴をよく把握しておくとよい。

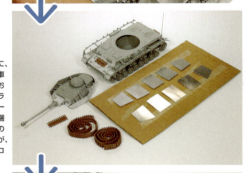

▶塗装作業がしやすいように、シュルツェンや履帯などを車体からはずして別々にしておく。シュルツェンはバラバラでは塗りにくいので両面テープを使い、段ボールの切れ端などに留めて塗装する。このあとサーフェイサーを吹くが、そのまえに表面に着いたホコリは極力取り払っておく。

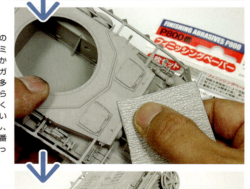

▶サーフェイサーはタミヤのグレータイプを使った。タミヤのサーフェイサーは遠くから吹きかけると表面がガサガサになってしまう。気持ち多めに噴射し、表面を一度濡らすように吹きつけるとうまくいく。サーフェイサーが乾いたらホコリやキズを確認し、ホコリなどがあれば800番程度の紙ヤスリを使って取っておく。

▶車体を塗装する前に、転輪のゴム部分を塗っておく。はみ出しは気にしなくてもよい。塗料はGSIクレオスの「NATO軍セット」のチャコールグレーを使った。

▼迷彩塗装完了。砲塔上面はなんとなく前後左右から上がってきたラインを繋ごうとしがちだが、うるさくなることのほうが多いと思い、あえて繋がらないように意識しながら上面を塗装している。

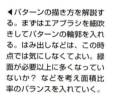

◀グリーンを塗る。色は「NATO軍セット」のグリーン7割に対してダークイエローを1割、白を2割の割り合いで加えて作った。パターンの塗装は一度に多くの面積を吹こうとせず、一部分吹いたら目を放して全体のバランスを見ることが大切。

◀パターンの描き方を解説する。まずはエアブラシを細吹きしてパターンの輪郭を入れる。はみ出しなどは、この時点では気にしなくてよい。緑面が必要以上に多くなっていないか？などを考え面積比率のバランスを入れていく。

◀使う線と使わない線の見極めを付けたら、使うと決めた線を中心に線を太らせるように塗り重ねていく。吹き方は先ほどの線を描いたときと同じ要領。大きく一度に塗ろうとせず、調子を見ながら部分的に太らせていく。写真など資料を確認することも忘れずに作業をすすめよう。

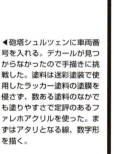

◀砲塔シュルツェンに車両番号を入れる。デカールが見つからなかったので手描きに挑戦した。塗料は迷彩塗装で使用したラッカー塗料の塗膜を侵さず、数ある塗料のなかでも塗りやすさで定評のあるファレホアクリルを使った。まずはアタリとなる線、数字形を描く。

◀モチーフにした車両のパターンはクッキリしている部分と、ぼやけた部分があるようだ。ところどころベタッと塗料が乗った部分を作り、アクセントをつけた。また、最初に描いた細い線が残っているが、この時点では気にせずそのままにしておいてよい。

◀アタリの線をガイドに、線を太らせて形を整える。この部隊は"1"の形にとても特徴がある。

◀ブラウンを塗る。グリーンよりも主張が強い色なので、たえず控えめに意識するぐらいでよい。塗装の要領はグリーンと同じ。使用した色は「NATO軍セット」のブラウン7割に対して、ダークイエロー3割を加えて作った。

◀白線で数字が描けたら、次に白が外枠として残るように赤を内側に描き入れる。ファレホアクリル塗料は隠蔽力が高い塗料なので、赤の失敗を白で塗りつぶすといったリカバリー作業が行ないやすい。キューポラの「WILMA」と車体前面バイザーの『PAULA』の文字も同時に描いている。

▲ウォッシングまで完了。履帯も下地塗装を済ませておく。

↓

▶ピグメントはモデルカステンの「ミリタリーピグメント 超級 コンクリートライク」(写真左)を中心に使用した。アクセントづけにMIGプロダクションのピグメント数色を使用する。

↓

▶ピグメントをアクリルうすめ液で溶いて塗り、粉状のピグメントをまぶす。単調にならないように濃淡さまざま数色をムラになるようにまぶすのがコツだ。乾燥後余分と感じる部分を平筆を使って落とす。また、同時に転輪や機動輪など土が付いていては不自然なところを見つけたら落としておこう。

↓

▶車体下面のピグメント作業ができたら上面にもホコリが被ったような再現を施す。粉状のままぶすとよい。

↓

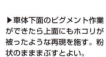

▶履帯は余分なピグメントを落としたら鉛筆を使い、転輪と履帯の接点など金属地が出てきそうな場所に塗って仕上げてから車体に巻き付ける。

▶車体の迷彩、車両番号の描き込みが完了したら、装備品の塗りわけをする。装備品類の塗りわけにもファレホアクリル塗料を使っている。金属はジャーマングレー。スコップの柄はアンドレアカラー(中身はファレホと同じ)のウッドを使っている。

↓

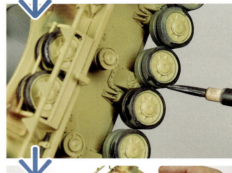

▶転輪のゴムの塗りわけはいつも使用する塗料の種類で悩むところだ。塗りやすさならエナメル塗料か、アクリル塗料だが、ウェザリングでピグメントを使い足周りに土埃をつける場合、その作業ではアクリルうすめ液を使うことになり溶け出す危険がある。今回はピグメントを使用するためラッカー塗料を使って塗装した。

↓

▶装備品を塗り終えたら、デカールの押さえと、ファレホアクリル塗料で塗った部分の塗膜を保護するために、ツヤ消しスプレーで表面をコートしておく。

↓

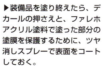

▶表面の保護ができたらエナメル塗料を使い、スミ入れをかねてウォッシングを施す。使用したのはタミヤエナメル塗料のフラットブラックとフラットブラウンを混ぜて作った焦げ茶色。専用のうすめ液で希釈して使用した。エナメルうすめ液は塗り過ぎるとプラスチックを侵すので、一ヶ所に溜まったりしないように注意する。

↓

▶チッピングや擦り傷をファレホアクリル塗料のジャーマングレーを使って描く。平筆に塗料を少量取って、ドライブラシの要領で擦りつけると、シュルツェンステーなど擦れたキズが比較的簡単に再現することができる。

8

Pz.Kpfw IV/H
12th SS Panzer Division 615

●連合軍によるノルマンディー上陸作戦で最初に戦車戦を行なったのがこの車両が所属する第12SS戦車連隊だった。3色迷彩はイエロー、グリーン、ブラウンが1:1:1の割合と言った感じで、ぼけ足が有る部分とペタッと塗られている部分が混在するのも特徴。この時期の迷彩は、実車のとおりに塗装すると模型的にあまり見栄えがしないパターンがあり、この車両も例外ではなく、実車の通りの迷彩パターンではなくイメージをそのままに、アレンジを加えて迷彩塗装をしている。

Finnish ARMY Assault Gun
BT-42

極めるために知っておきたい テクニックの名称と効果

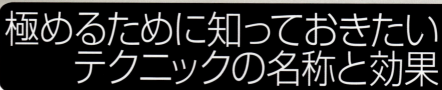

戦車模型の塗装やウェザリングのテクニックには海外から伝わったカタカナで表記された技法が多くあります。本書でもそれらの用語が多く出てきますので、まずはカタカナ語テクニックの名称と効果を解説したいと思います。また、カタカナ語の塗装テクニックには専用のマテリアルが用意されているものもありますのでそれらも合わせて紹介していきましょう。

フィンランド軍突撃砲 BT-42
タミヤ 1/35
インジェクションプラスチックキット
税別3800円
㈱タミヤ ☎054-283-0003
製作・文／斉藤仁孝

10

カラーモジュレーション（カラーセパレーション）

●カラーモジュレーションはゲームに登場するAFV、CG画像を参考に考案された立体感を強調する塗装方法らしいです。模型的には情報量を増やすためというところでしょうか？ 感覚を掴むためには単色迷彩の車両で行なうほうが理解しやすいようです。また装甲板が湾曲しているより、面で構成されている車両の方がベターでしょう。そこでそれらの条件を満たした「BT-42」で挑戦してみることにしました。

使用したマテリアル

▲作業で使用した塗料はAKインタラクティブの「ロシア戦車4BOグリーン用モジュレーション塗料セット」。容器からそのままエアーブラシに出して使えるエアータイプのアクリル塗料8本セット。

▲転輪も塗っておきました。まずは一色目のほとんど黒に近い色でゴム部分を塗り、先ほどの2段階目の色にあたるグリーンでホイール部分の裏側だけを塗り分けておきます。

▲いちばん暗いグリーン（ほとんど黒）を光の届きにくい奥まった部分に塗ったら全体を次の段階のグリーンで塗っていきます。そのまえに塗った色を少し残す感じで作業します。

▲サーフェイサーを吹き、一色目となるいち番暗い色を奥まった部分を中心に吹き付けます。セットには付属のプライマーを塗るようにとありますが、タミヤのサーフェイサーにしました。

▲モジュレーション塗料セットの裏側には各色の使う順番や、各色ごとに変化する（させる）様子がありますので、これを参考に作業をすすめていきます。

▲転輪の外側面にも3色目のグリーンを塗っておきました。裏側は2番目の色のままで、転輪は最後に土埃色にウェザリングしてしまうのでカラーモジュレーションはしていません。

▲全体の調子を見ます。明るいところと暗いところが面や段差で隣り合うように考えながら作業しました。光の方向なども多少考えましたが「隣同士の都合」を優先してよいようです。

▲3色目の色からクッキリとトーンを変える部分を作りました。紙で簡単にマスクしておき、シュッとひと吹き。海外のモデラーの塗装工程写真で見るヤツです。いよいよという感じですね。

▲いよいよ基本色となるグリーン（プライマーのグレーを除き、3番目の色）を塗っていきます。この色あたりから「カラーモジュレーション」を念頭に作業する感じです。

▲最後の色（セットにはもう一本あるがクリアー）で、よりクッキリとハイライトを入れます。最後の色はエアーブラシよりも筆に取り、ボルトの頭など出っ張ったところを塗り分けて完了。

▲5番目の色でさらに明るい色を塗っていきます。この技法は隠蔽力の高いアクリル塗料だからやりやすい塗装法で、ラッカー塗料では隠蔽力が低いので向かないかもしれませんね。

▲紙で簡易的にマスクしたり、場合によってはマスキングテープを使うなどして境目をよりクッキリとさせることをイメージして作業しました。ここまでくると「光の方向」は忘れた方がよいかも？

▲ハイライトを入れていきます。4番目の色を使い3番目に塗った色の面積に対して、感覚的に30%ぐらいの面積に吹いていきます。吹く場所は暗い色と隣り合った部分です。

フィルタリング

使用したマテリアル
▲使用したのはミグプロダクションのフィルター専用液。ブルー系、グリーン系、ブラウン系の3種類。しっかり乾燥させることで溶け出すことも無く重ね塗りできる。

●いちばん難解に感じていた作業がこの「フィルタリング」です。海外モデラーと会話すると何度も「フィルター」「ウォッシュ」と出てくるので、どれのことを言っているのかわかりにくく、効果が理解できない。そこで今回は以前見たミゲル・ヒメネスさんの作品を参考にそのまま模倣してみました。試したところ一色ごとに色合いが変化して滲みやムラが単色迷彩にも関わらず何ともいえない味わいを出すのがわかり、これはクセになりそうですね。作業はラッカー塗料ではなく、塗膜がガサ付くことで染みやすいアクリル塗料の方が作業しやすく感じました。

①まずはグリーンでフィルタリング。塗るとドキッとするようなビビッドな色でしたが気にせず作業。②半分だけ塗った状態です。③グリーンを塗り半日以上置き、しっかりと乾燥させたらブラウンをフィルタリング。かなり落ち着きました。④ブルーを奥まった部分にだけ塗ります。

ピンウォッシュ

使用したマテリアル
▲AKインタラクティブのウオッシュ液「グリーン塗装用ダークブラウン」

●作業してみるとすぐにわかることですが、ピンウォッシュとは「スミ入れ」のことです。ただし、ウォッシュと言ってもジャバジャバということではなくピンポイントでチョンチョンとスミ入れ塗料を置いていくのでピンポイント・ウォッシュ＝ピンウォッシュというわけです。作業してみての実感ですが、ピンポイントで行なうのはフィルタリングで付けた、うっすらとした塩梅を殺さない(消さない)ように、最小限のはみ出しに留める配慮だと思います。

⑤作業はいたって簡単です。グリーンの車体色専用に調色されたウォッシュ液を使い、含みの良い面相筆に取りチョンチョンと出っ張った部分に筆先を当てる感じで作業します。⑥⑦はみ出しはAKインタラクティブのウォッシュ液専用うすめ液をキレイな筆に含ませ(ティッシュなどにうすめ液の余分をすわせて含み量を調節)、滲んだ部分を拭き取っていきます。⑧ははみ出しの処理は外側から残したい方向に筆を動かし、塗料を追い込む感じで作業しています。

ドッティング

●ドッティングは退色をした塗装面を表現するためのテクニックのようです。数色の油彩を点々(ドットのように)と表面に乗せていき、うすめ液でボカしていく技法です。疑問なのはせっかく行なったフィルタリングの効果を殺してしまうことや、このあとに控えている「ストレーキング」と作業が酷似しているので割愛しても問題ないのではないか？ということでした。海外モデラーの作品をよく見てみると、なかに全体に施すのではなく側面のみなど部分的に行なった作品がありました。そこで今回は効果を確認したかったこともあり、割愛せず側面の一部やフェンダー(フロント部分)の内側など場所を絞って行なうこととしました。作業してみてですが、情報が増える分、表情は豊かになります。が、少し遣り過ぎるとうるさく感じました。加減が必要なようです。またうすめ液で湿らせている時と乾いた時で効果の出方が大きく変わり、注意が必要です。
⑨作業ではミグプロダクションズの「502アブタルインク」を使用しました。⑩まずは数色の油彩を筆に取り、転々と乗せていきます。⑪うすめ液を含ませた筆でボカしていきます。筆は重力方向に動かします。⑫作業完了です。

デカールを貼るタイミング

●フィルタリングやドッティングなど、色を薄く乗せる作業をデカールを貼ってから行なうと、白い部分に乗ってうるさくなってしまいます。ただ、ピンウォッシュやストレーキングはデカールの上に施した方がなじむので、タイミングはドッティングのあと、にしてデカールの部分だけピンウォッシュしています。デカールを貼ってから乾燥させ、「カラーモジュレーションセット」にあったクリアーを吹きコートしました。

使用したマテリアル
▲先ほどのピンウォッシュと同じ塗料を使用。

ストレーキング

●ストレーキングは雨垂れなどにより付いた縦縞の汚れを再現する作業をさすようです。作業前に考えたのはフィルタリングやドッティングでの効果を残しつつとなるとある程度慎重に行なった方が良いだろうということです。下地がツヤ消しのアクリル塗料によるものなので、一度くらい色を乗せると滲んでしまいキレイに取れる保証が無いと考えたからなのです。また、感じたのは、先ほどのドッティングやピンウォッシュなどだから「筆さばき」の重要度が高いということです。塩梅もさることながら、筆の入れ方ひとつで大きく仕上がりが変わると実感しました。⑬縦縞を一本ずつ書き入れます。⑭うすめ液を含ませた筆でなぞりボカしていきます。

チッピング

●チッピングを施します。使用したのはアクリル系塗料のチッピング作業に適した調色がされたものです。アクリル系塗料でチッピングを行なうとクッキリと描けるのが特徴的です。エナメル系塗料の方が失敗やはみ出しを拭き取れる分修正が容易ですが、希釈具合によってはボケてしまったり、その後のウェザリング作業を考えるとクリアーでコートする工程がひとつ増えることになります。作業ですが、アクリル系塗料を使う場合、慎重に・ていねいにということになります。いちばん気をつけたことは拭き取りが困難な分、やりすぎないように注意しました。⓯フィギュアの塗装に使用できるような良質の面相筆を使い作業するとうまくいきやすいでしょう。⓰フェンダーなどはちぎったスポンジに塗料を取り、スタンプのようにポンポンとやるだけで付けることもできます。⓱マフラーもスポンジでスタンプ。⓲チッピンウから垂れたサビ色のストレーキングを施します。使用したのはウオッシュ液の「ラストストレーキ」です。

使用したマテリアル
▲使用したのはAKインタラクティブの「錆塗装色セット」。サビ色とチッピング色の6本セット。

⓳

⓯

ドライダスト

●埃の再現をしていきますが、この作業はいままでの作業をすべて塗り潰してしまう恐れがあるのでは？ ということが心配でした。先ほども言ったようにアクリル塗料は隠蔽力が高いということも要因のひとつです。吹き付けは迷彩塗装をするような感覚で、色の被り具合やムラのでき具合など塩梅を慎重に見ながら進めました。⓳ミゲル・ヒメネスさんが使ってたからと理由は単純なのですが、まずはタミヤのアクリル塗料で埃色を作りうっすらと、またところどころにムラができるようにエアブラシします。その後2色のウオッシュ液を使い、土埃が乗ったようなアクセントをつけてみました。

使用したマテリアル
◀使用したのはAKインタラクティブの「サマークルスクアース」と「ダンプアース」それにタミヤアクリルカラーのバフとアースを混ぜた色。

⓰ ⓲

⓱

マッド・ドライ スプラッシュ

▼使用したのはタミヤアクリル塗料のバフ。作業環境の条件さえ合えばAKインタラクティブの「泥ウェザリングセット」も足周りの土埃再現には最適なマテリアル。

使用したマテリアル

●泥汚れを再現していきます。今回はエアブラシで筆に取った塗料の飛沫を飛ばして再現する「スプラッシュ」技法に挑戦します。腰のある筆に塗料を含ませはじいて飛ばす方法もあります。「スパッタリング」「スペックリング」とも言い、飛沫の大きさによって言い換える場合もあるようです（スパッタリングは泥をかけるイメージ、スペックリングはこまか目の粒を付けること）。⓴筆塗りできる程度に塗料を希釈して筆に取り、エアブラシの風圧を当てて飛沫を飛ばします。㉑筆とエアブラシの角度は写真のように45°ぐらいがよいようです。㉒転輪も忘れずにスプラッシュ。㉓ひととおり終えたら泥色のウオッシュ液でアクセントをつけて完了です。

⓴

㉑ ㉓

㉒

㉕オイルステインではありませんが、車体の仕上げは最後に「グラファイト」を角に擦り付けて金属感を出して完了です。

㉕

㉔

㉔オイル染みを付ける際もやりすぎに注意しつつ、少しずつ増やしていくと上手くいきます。また濃さにムラや強弱を付けるとリアル。

オイルステイン

●最後にオイル汚れ「オイルステイン」を加えます。ここまで作業してきて気がついたのは、最初のカラーモジュレーションからこのオイルステインまで、通してやってきましたが、やっと工程ごとに行なった効果が影響し合う、影響させることが重要で、それには完璧でなくても大丈夫と思いますが完成時のイメージがある程度作れていることもポイントといえるでしょう。例えばこのオイル染みですが、埃の完全ツヤ消し部分に乗せることでより効果を発揮すると感じました。それを見越しているのと考えないのではゴールが変わってくるのです。

使用したマテリアル
◀オイル汚れで使用したのはミグプロダクションズ「オイル・グリース表現液」

TAMIYA 1/35
Finnish Assault-Gun BT-42
Injection-Plastic kit
Modeled and described by Yoshitaka SAITO

●タミヤのBT-42はとても作りやすく、すばらしいキットでした。「今回のように塗装に集中したい」と言ったような場合には、まさにピッタリです。メッシュのエッチングパーツも付属していますし再現度もバッチリ。製作はしませんでしたが、キットにはフィンランド軍戦車兵のフィギュアが1体付属します。
●普段使い慣れない塗料などを使っての挑戦で、少々用心深くなりすぎたようで、もう少し大胆にやっても良かったのかもしれません。また作業してみてですが、基本色に使ったアクリル塗料と、エナメル塗料のフィルター液、ウオッシュ液の滲み具合がとても良く、カタカナ語テクニックの神髄の一部だけ感じることができました。　　　　　　　　　　（斉藤仁孝）

Finnish ARMY Assault Gun
BT-42

ドイツ 38(t)戦車 B型
ホビーボス 1/35
インジェクションプラスチックキット
税別4500円
㈱童友社 ☎03-3803-4747
製作・文／野原 慎平

戦車模型の代表的なウェザリングに塗膜の傷を描き込む「チッピング」があります。チッピングは傷のかたちや大きさで仕上がりの善し悪しが変わるむずかしい技法でしたが、それらを克服できるメソッドがたくさん登場しているのです。

塗膜を剥がしてチッピングを施す方法

乗員用ハッチ
乗員が出入りするハッチは角が擦れやすく、チッピングを行なう代表的なポイント。ほかの部分より、若干多めのチッピングをしても良いだろう。

チッピングを施す場所は？
ついついやりすぎてしまいがちなチッピング。リアルなチッピングで重要なのはチッピングを施す場所のポイントを押さえることです。では、重点的に行なう箇所を見ていきましょう。

フェンダー
車両のいちばん外側に位置するので擦れや引っ掻き傷が多い。薄い鉄板なので傷みも激しく、塗膜も剥がやすい。シュルツェンも同じことが言える。

エンジンデッキ
整備用のハッチがあるエンジンデッキもチッピングに向いている箇所。車体の天面の装甲の厚い部分より、装甲の薄いエンジンのハッチを重点的にチッピングする。また、荷物や歩兵を載せた際に擦れた傷としてディテールの角に施すのもポイント。

雑具箱
雑具箱も薄い鉄板で作られているので凹みや傷が目立つ。また、ハッチと同じく乗員の開け閉めの過程で傷も付きやすい。錆色でチッピングして、ほかの部分より劣化した表情を加えると雰囲気が良くなる。

16

シリコンバリアー

▼シリコンバリアーは本来シリコン型同士の離型剤として使われるが、塗装の間に塗ることで上塗りの塗料が絶妙な喰い付きになりチッピングが可能になる。まずは、チッピングを行なう場所に薄く筆塗りする。

塗装を剥がすその前にまずは下地塗装！

●近年は実際に塗膜を剥がすチッピング法が主流になりつつあります。そのためにはあらかじめチッピングで露出した色を塗っておく必要があります。普通の塗料でも問題ありませんが、チッピング色のサーフェイサーを吹くことで工程が省けるので利用しない手はありません。使用したのはGSIクレオスのマホガニーとブラックサーフェイサーの混色です。

◀▲基本塗装終了後、つまようじで角を中心に傷を入れていく。戦闘での傷や乗員の動きを想像しながらの作業を心がけよう。走行や砲塔の旋回でできたような細い線状の引っ掻き傷はシリコンバリアーが得意とするチッピングだ。

ヘアスプレー剥がし

▲▶チッピング色の上にヘアスプレー、その上から基本塗装を吹く。ヘアスプレーが乾燥後も水と反応して溶ける性質を利用して剥がすので、上塗りは水を弾くラッカー塗料よりもアクリル塗料が向いている。

1 基本塗装が完了したら、剥がしたい部分を水で濡らす。広い面積を一度で行なうと水が乾いたり指で触って思わぬところが剥がれるので、部分的に行なうようにする。
2 20〜30秒ほどでヘアスプレーが反応し、優しく筆で撫でると塗膜がボロボロと剥がれてくる。すべての面を剥がすのではなく、場所を限定して筆の当て方や強弱を変えるといい塩梅になる。
3 モールドの角やチッピングが足りない部分はつまようじで剥がす。

A さらにこまかい傷や引っ掻き傷はGSIクレオスのMr.チッピングゴムを使うとうまくいく。
B こまかいチッピングにも自然なランダム感や強弱を付けたい場合はエナメルうすめ液を浸した綿棒で塗膜を擦ると塗膜が反応して壊され、大胆に剥がすことができる。
C デカールの部分もほかの部分と塩梅が合うようにデザインナイフで傷を付けると周りと馴染む。

スポンジチッピング

●もっと手軽な方法としてスポンジを使ったチッピング法もあります。上記の技法のような下地の準備が必要なく、小さな傷を簡単に再現できます。

▲その内側に焦げ茶で傷を細筆で描き込む。いきなり筆でチッピングを描き込むのは躊躇するが、予めガイドとなるチッピングがあると自然に筆が動く。先ほどのチッピングより内側に描き込むのがポイント。

▲海外モデラーがよく行なう、基本色より一段明るい塗装の内側に下地の鉄色が露出している表現もスポンジチッピングで再現できる。基本色より明るいファレホアクリル塗料で深い傷が付きそうな場所にチッピング。

▲小さくちぎったスポンジにファレホアクリル塗料の焦げ茶を取り、紙の上で塗料の量を調整してから模型にポンポンと叩いていく。画像のようにエッジを中心に塗るため、余計な部分はマスキングして行なうこともある。

●車体色のジャーマングレーはチッピングが見えやすくなるように明るめに、逆にチッピング色は暗めに調色した。これがダークイエローならチッピング色は淡めにするなど、塗装する迷彩色によってチッピング色との関係を考慮することも大切である。

Pz.BfWg 38(t) Ausf.B

チッピングはエッジを中心に！

●3つの技法でチッピングを解説しましたが、すべてに共通するのは角を中心にチッピングを入れていくことです。チッピングの大きさ、面積、数をモールドの角に集中させることで自然な剥がれ方に見えてくるはずです。つねにそれを意識することで完成度には大きな差がでるでしょう。それぞれの技法に長所と短所がありますが、どれも筆で描き込むより遥かに低いハードルで行なえます。チッピングは控えめが基本ですが、楽しすぎてついついやりすぎてしまうのがモデラーの性。ココで止めておこう、と踏ん切りを付けることが結構大事なのです。

知っておきたい 戦車模型の極めかた
Finishing Technique of AFV Models
塗装／ウェザリングテクニックガイド

塗装とウェザリングを極めしモデラーによる実践テクニック

ここからはいよいよ戦車模型の塗装／ウェザリングの達人たちによるテクニックの数々をご覧いただきます！　紹介するテクニックは重複しているものもありますが、作者が変わるとそれぞれに解釈があり、そのひとつひとつにヒントがあることから、それぞれを掲載しました。ひとつのテクニックでも作る人によって違いが出る……それが戦車模型塗装の奥深さであり、複雑にしている部分でもありますが、それぞれを読み合わせることで、テクニックに対する理解が深まり、皆さんが目指したい作品の方向が見えてくると思います。それでは"世界最高峰"の腕前の数々をお楽しみください！

ドイツ戦車 パンサーD型
タミヤ 1/35
インジェクションプラスチックキット
税別4200円
㈱タミヤ ☎054-283-0003
製作・文／吉岡和哉

マテリアルの開発に参加しているのは海外のモデラーだけではありません。日本を代表するAFVモデラー吉岡和哉氏もGSIクレオスと製品を開発しています。互いのノウハウを組み合わせて製品化した「Mr.ウェザリングカラー」は好評でしたが、それに続き立体的な表現ができるモデリングペーストも登場。開発者自らレビューしてもらいました。

自ら開発したウェザリングマテリアルを解説

ウェザリングの準備 基本塗装と工作

●戦車模型は基本的にすべてパーツを組み立ててからでも塗装やウェザリングができる。とはいえ、すべてのパーツを接着することで汚しづらくなり、ストレスを感じる場合も少なくない。今回はウォッシングしやすいように装備品を付けず、足周りも泥汚れを付けやすいように取り付けずに作業する。

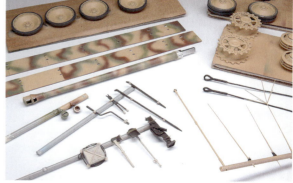

Mr.ウェザリングカラー スミ入れと埃汚れ

Mr.ウェザリングカラーは最初から薄めに濃度調整されているので、スミ入れやウォッシングが手軽に行なえる。また油彩ベースなので塗料の伸びが良く、塗面やモールドによく馴染む。

垂直面のウェザリング1

3 ▲ウォッシング後は塗膜の剥がれや、引っかき傷などダメージを描き込む。ここでは今後さらに汚しを重ねることを考慮して、油彩やアクリル塗料を使う。

2 ▲垂直面のウェザリングは基本、上から下に筆を動かしてWCをボカす。雨垂れはクドくなり過ぎないように、キレイな所と汚れた所の疎密を意識して汚す。

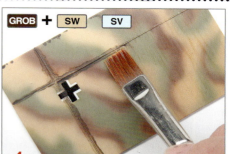

1 ▲濃いめのWCをモールドに流して数分放置。WCのテカリが弱まったら、筆には極わずかの専用うすめ液を含ませて、筆圧を下げて表面を撫でる。

水平面のウェザリング1

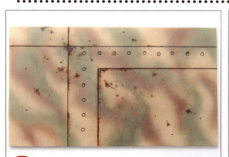

3 ▲WCは乾くと強く定着するので、さらに上に種類の違う汚れを塗り重ねることができる。また傷の描き込みで失敗して拭き取ってもWCの下地は消えない。

2 ▲ボカした塗料が乾いた状態。WCは完全に乾くとツヤ消しになるので、実物同様のツヤのある車体に付いたツヤのない汚れを再現することができる。

1 ▲水平面のウェザリングはモールドのほか、面にもWCを載せておく。そしてフィニッシュマスターやボカし筆を使って、叩くように塗料をボカす。

垂直面のウェザリング2

●水アカによる雨垂れ汚れの次は埃汚れを再現する。前述したようにWCは完全に乾くとツヤがなくなるので、明度が高いベージュやグレーを調色して塗れば、薄く被ったホコリのようになる。水アカの上に埃汚れを重ねると、基本塗装の深みが増す。

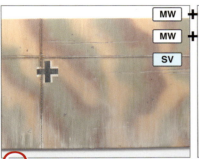

2 ▲雨垂れと同様にうすめ液をわずか含ませた筆で下から上へ塗料をボカす。ホコリは下側に溜るように塗料を濃く残すのがミソ。

1 ▲ホコリ汚れは調色したWCを使用した。（カラーレシピは写真上のアイコンを参照）面の下側に塗料を載せて上をボカす。

MB	マルチブラック	SW	サンディウォッシュ	GROB	グランドブラウン	SB	ステインブラウン	SV	専用うすめ液	WPMB	マッドブラウン
MW	マルチホワイト	MG	マルチグレー	GRAB	グレッシュブラウン	RO	ラストオレンジ	WPWC	ウェットクリアー	WPMW	マッドホワイト
SAND											

21

水平面のウェザリング2

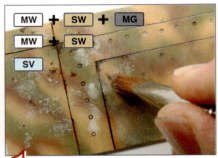

MW + SW + MG
MW + SW
SV

▲1 水平面の埃汚れも水アカと同様に、大小ランダムに置いたWCを叩いて面をぼかす。筆の筆圧と専用うすめ液を含ませる量を調整して、汚れの塩梅を付ける。

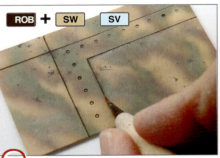

ROB + SW + SV

▲2 ホコリはモールドに入り込むので、パネルラインは白ちゃけてボヤケて見える。汚れがボヤケて締まりがなくなったら、再度スミ入れしてメリハリを付ける。

▲3 実際の埃汚れは均一に汚れることもあるが、模型で再現すると前述したようにぼやけてしまう。ホコリは付ける所と付けない所の差をだすと、見映えする。

垂直面のウェザリング3

●ウェザリングペースト（以下WP）はWCでは物足りない立体感のある汚れを再現することができる。WPの汚れは足周りが中心になるが、乗員が出入りするハッチやスコップやツルハシなどの装備品に付けても雰囲気がでる。

WPMW

▲1 塗装サンプルを車体下部やシュルツェンに見立てて、下側にWPを筆先でチョンチョンと叩くように塗り付ける。

SV

▲2 雨水が垂れる様子を意識して、うすめ液を少し含ませた筆を上から下に撫でると、WPの際がボケてゆく。筆は撫でる度にWP拭っておく。

Mr.ウェザリングペーストを使って泥汚れを再現する

●今回使用するウェザリングペーストは暗く湿った土を感じさせるマッドブラウン（左）と、水分を多く含んだ泥あるいは乾いてこびり付いた土をイメージしたマッドホワイト（中）の2色に、水分を含んだ質感表現に使うウェットクリアー（右）の3種。それぞれを混ぜて質感の違いを体験してほしい。

WPMW

▲3 さらにWPを盛り足して付着した土に立体感をだす。WPは一気に厚盛りするとこまかくひび割れるので、乾いてこびり付いた土汚れにも使える。

WPMW + SV

▲4 粘度が高いWPで泥跳ねを再現するときはWCの専用うすめ液で希釈して弾く。うすめ液の量を調節すれば跳ねに表情が付けられる。

WPMB + GROB + WPWC

▲7 6よりもコントラストを付けるにはWCの暗い色を塗るか、WPのウェットクリアーを塗り重ねる。クリアーは塗り重ねることに、ツヤが増して濡れたようになる。

▲6 土汚れは種類や質感などの変化を付けると、色味にコントラストが付いて見映えが増す。濡れた汚れは境界をぼかして載せているが、実際は境界がハッキリしたものもある。

WPMB

▲5 さらに湿った土を載せる。WPにザラついたテクスチャーを付けるときは、盛ってからしばらく乾かして粘度が高めになってから筆で叩くと、土らしい質感になる。

MB	マルチブラック	SW	サンディウォッシュ	GROB	グランドブラウン	SB	ステインブラウン	SV	専用うすめ液	WPMB	マッドブラウン
MW	マルチホワイト	MG	マルチグレー	GRAB	グレッシュブラウン	RO	ラストオレンジ	WPWC	ウェットクリアー	WPMW	マッドホワイト
SAND									

22

水平面のウェザリング3

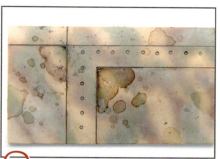
3 ▲オイル染みも、薄め液を加える量を変えると、染みに濃淡が付いて雰囲気が増す。またホコリ汚れの上に染みを描くと色のコントラストが付いて見映えが増す。

2 ▲飛沫を飛ばし過ぎてクドく感じたら、うすめ液を付けた筆で拭って不要なシミを消しておく。下地がピグメントならできないのでWCならではのリカバリーといえる。

1 ▲ウェットクリアーにWCのグランドブラウンまたはマルチブラックを混ぜるとオイルやグリス汚れが再現できる。これも飛沫するときは、うすめ液で薄めて使う。

足周りのウェザリング

3 ▲WCの専用薄め液で希釈したWPを、コシの強い筆で弾いて土のテクスチャーを付ける。ここでも部分的に1～2の作業を行なって、質感に変化を付ける。

2 ▲地面との接地面に余分に付いたWPは、フィニッシュマスターで擦って取り除く。テクスチャーがあまい所はさらに1～2の作業を繰り返す。

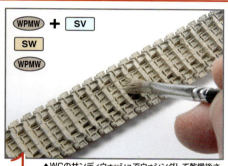
1 ▲WCのサンディウォッシュでウォシングして乾燥させてから、WPを履帯の隅に擦り込んでいく。WPは半乾きのときに筆で叩いてテクスチャーを付ける。

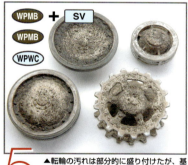
5 ▲転輪の汚れは部分的に盛り付けたが、基本的にはWPの飛沫で再現した。WCとは違う立体的な飛沫は作品の見せ場にもなる。

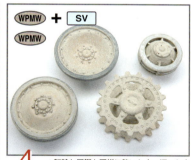
4 ▲転輪も履帯と同様に乾いた土→湿った土の順番で汚した。車体色がダークイエローでなければ、これだけでも見映えはする。

ウェザリングペーストを使った応用例

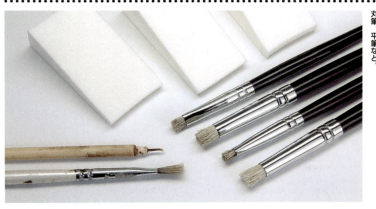
◀写真はウェザリングペーストの作業で使う道具。上から無印良品のメイクアップスポンジ、右下はMr.ウェザリングブラシのハードとソフト、左下は各種筆。面相や丸筆、平筆など。

▲ここからは戦車の側面にみたてたサンプルに、WPで汚す過程を簡単に解説していく。ペーストはいきなり汚さないで、まずはWCで汚れの下地を付けておく。キレイな面が汚れているのももちろんあるが、唐突に汚すと嘘くさくなる。

23

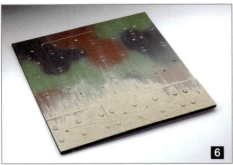

① ②WCを塗った汚れの下地の上から、うすめ液で緩めに溶いたWPのマッドホワイトを飛沫する。次にうすめ液を含ませた平筆で飛沫を上下からなでて、雨で流れ落ちた汚れを再現する。WPをなでる筆は、その都度うすめ液で汚れを洗って使用する。この工程を繰り返していくと下地が消えた②のような土汚れになる。なおペーストの飛沫は、うすめ液で希釈する量が少ないと厚ぼったい大きな飛沫になり、うすめ液の量が多いとこまかく薄い飛沫になる。うすめ液の量を調節すれば状況に合わせた汚しを再現することができる。ちなみにWCでも同様の飛沫を付けられるが、WPの飛沫は立体感があるので、より跳ね汚れらしくなる。

③湿った泥などを表現したい場合はうすめ液で希釈したマッドブラウンをウォッシングし、マッドブラウン+ウェットクリアーを盛りつける。

④ペーストを少し乾燥させてからコシの強い筆やメークスポンジで表面を小刻みに叩くと、土っぽいテクスチャーが付く。

⑤工程②の上から③、④の工程を行ない、うすめ液で希釈したマッドブラウン+ウェットクリアーを飛沫すると、乾いた土の上に湿った泥が付いたコントラストの強い汚れが再現できる。

⑥下側にこびり付いた土もペーストを盛った後に、メイク用スポンジで叩いて粒状のテクスチャーを付けている。さらにペーストの乾燥後にうすめ液を含ませた綿棒でエッジや凸部に付いたペーストを取って土の付き具合に変化を付けている。

⑦工程④の状態からうすめ液で希釈したペーストを、汚れの上側に飛沫して泥の質感に抑揚を付ける。さらに汚れの下側にシズル感がでるように、ウェットクリアーを4〜5回塗り重ねた。

●右のページではウェザリングペーストのみを使った汚れを解説したが、ここからはWPの応用の仕方を紹介する。

⑧WPは樹脂にピグメントを混ぜたものなので、厚盛りするには量が必要になる。そこでボリュームのある汚れを再現したいときは砂を混ぜてみよう。砂は茶こしでふるいを掛けて粒のこまかいものを用意。それをWPに混ぜるとダマ状になり表情が付けやすい。さらにスタッティックグラスを混ぜても良いだろう。

⑨一旦ペーストを落としてWC、またはWPで汚れの下地を付けた状態。そこから砂入りペーストのダマを付けていく。ダマは太い筆でのせると土の塩梅が付けにくいので、面相筆ですくって盛りつける。ある程度ダマが付いたら、筆で転がして位置を変えたり部分的にうすめ液で溶かして馴染ませる。なお、一旦のせたペーストは手で擦っても落ちないが、タミヤエナメルうすめ液やWC専用うすめ液を含ませた筆で擦ればキレイに溶け落ちる。

⑩乾燥後にクドく感じた所は、ウェザリングブラシのハードでこそぎ落としたり、うすめ液を含ませて洗い落とす。

⑪面積が広い所は前述したように、ペーストを盛ってからスポンジで叩いてザラついたテクスチャーを付ける。スポンジはまんべんなく叩くのではなく、画面の下側にいくに従って緩く叩いて車体面に馴染ませる。

⑫さらにうすめ液を含ませた筆でペーストの境界をなでて馴染ませると同時に不自然な所を溶かす。

⑬工程⑫の状態からWPをマッドブラウンに変えて土に変化を付けていく。写真はマッドブラウン+ウェットクリアー+砂をまぜたもの。1度盛っただけでこのボリュームになる。また質感もゴツゴツしたヘビーなもので土汚れの再現度は高い。

⑭うすめ液で希釈したマッドブラウンやWCのグランドブラウンを飛沫して、こびり付いた土に見合った泥はねを付ける。

⑮履帯の窪みにも砂を混ぜたWPを盛りつけよう。実車を見ると履帯が土だらけの場合もあるが、起動輪の歯が噛む穴や、履帯同士の間には可動時に土が取れて詰まりにくい。ペーストを盛りつけた後はウェザリングブラシやうすめ液に浸けた綿棒で、接地面や穴、履帯の隙間に詰まったペーストを取り除く。

⑯工程⑩から砂を混ぜたマッドブラウンで汚した状態。ボリュームのある汚れでも転輪と履帯の接地面にはあまり土が付かない。メリハリを付ける上でも不要なペーストを取っておく。

⑰ペーストを多めにのせたが、軽く触れても殆ど取れない。この量なら車両単体作品でもクドみはない。

⑱工程⑯で付けたペーストにウェットクリアーを混ぜて、さらに厚盛りした状態。砂を混ぜたペーストは少しずつ様子を見ながらのせていくが、大きさの違うダマをランダムにのせることを意識して作業する。また転輪に合わせてシュルツェンに付いた泥汚れも、スポンジを使ってペーストを盛りたした。この後、うすめ液で希釈したウェットクリアーやウェザリングカラーでウォッシングして土の質感に表情をつける。

MB	マルチブラック	SW	サンディウォッシュ	GROB	グランドブラウン	SB	ステインブラウン	SV	専用うすめ液	WPMB	マッドブラウン
MW	マルチホワイト	MG	マルチグレー	GRAB	グレッシュブラウン	RO	ラストオレンジ	WPWC	ウェットクリアー	WPMW	マッドホワイト
SAND											

Panther D

●タミヤのパンターD型は、パーツの薄削りやディテールアップを施しつつ、「51戦車戦車大隊 大隊本部の中隊指揮車 101号車」を再現。確認できる2枚の写真には防寒アノラックを着た乗員が写っていて、足周りは泥だらけなのでクルスク戦時よりウェザリングペーストで汚しやすい。指揮車なので延長ロッドを3本継ぎ足したスターアンテナと、車体と砲塔のアンテナを計3本立てた状態は模型映えする。今回は単体作品なので足周りの汚れは控えめに施したが、今後ダイオラマにするときは、さらに汚してみたい。

カラーモジュレーションとフィルタリングを使った色調変化を学ぶ

戦車模型の醍醐味のひとつはウェザリングですが、そのウェザリングを映えさせるために施す技法があります。下準備が万端であると、おのずとその後のウェザリングは相乗効果で見応えのあるものになってくれるのです。ここからはそんな技法ふたつを解説します。

SU-122初期生産型
ミニアート 1/35
インジェクションプラスチックキット
税別6000円
㈱GSIクレオスホビー部
製作・文／**吉岡和哉**

カラーモジュレーション技法の概要

●いくらディテールが繊細で、パーツの形がよくできていても、色を均一に塗っただけでは、見にくい形もわかりにくい。これは、模型は小さいが照らされる光源が縮小されないためで、車体に単色を塗っただけでは形がのっぺりするのは仕方ない。そこで基本色の明度を上げたり、モールドにスミを入れたり、エッジをドライブラシするなどして、形を際立たせる幾つもの技法が生み出され、そのなかのひとつがカラーモジュレーションとして広く認知されている。カラーモジュレーションはキットの面やパーツにハイライトとシェードを塗って立体感を強調する技法で、この技法で塗ればキットが持つ情報量を分かりやすく見せることができる。ただ現実ではあり得ない「光と陰」を描くように塗るのでリアルではないが、ウェザリングを重ねるごとに明暗が落ち着き、模型の存在感を増すことができる。ここではそんなカラーモジュレーションの概要を紹介する。

1 イラストは模型に色を吹き付けただけの状態を再現した。実際には光が当たってある程度の陰影が付くのでここまで単調にならないが、明度が低く濃い色で塗ると見え方はこれに近い。ディテールが沈んで見た目がのっぺりし、俗に言う「おもちゃっぽい」感じになってしまう。リアルを追求すればこれが正解といえるが、これでフィニッシュとなると手を抜いた感が否めない。

2 下地としてエッジや窪みに暗い色を吹き、それを残しながら基本色を吹き重ねるシェーディング。凹凸が強調されて（1）より塗り込まれている。ただ凸部も凹部もシェード色なので色味が暗くなりやすい。またエッジが強調されていても形が分かりやすくなったわけではない。

3 面やディテールにハイライトとシェードを塗り足さなくても、カラモジュレーションに近い効果は得られる。作業はイラストのように車体前面と各部上面にハイライトを入れるだけ。完成版に比べると効果は弱くなるものの、単色よりは見映えがよく質感が増す。こならマスキングも不要で基本塗装の延長で手軽に塗れ、強いコントラストに抵抗がある方も受け入れやすい。

4 （1）と比べるとどうだろう？ イラストなのでハイライトを入れるだけで違いがでるのは当然だが、光の表現を補填するだけでモノの存在感はグッと増す。光の当り方を自然にするよりも、隣り合うパネルやパーツの階調に変化を付けることが重要で、ようは別パーツ感を出すために違う明度の塗料を塗るということだ。

5 光を補填しただけの4に陰影を足したもの。陰が付くと立体感や形が強調されるだけではなく戦車模型で需要な重量感も増す。繰り返しになるが塗装としてリアルではないが、模型的表現でいえば魅力があり見映えする作品になりやすい下塗りといえる。

模型映えとウェザリングを見越して調色された「ロシアングリーンバージョン」

●ダークイエロー、ジャーマングレー、オリーブドラブを再現したGSIクレオスのカラーモジュレーションセットが既存の基本色を元に調色されたのに対し、「ロシアングリーンバージョン」は、新たに作った基本色（ロシアングリーン）をもとに調色した。色味はロシアングリーン2（136）より黄色味を増して明度を少し強くした。カラーチップを正確に再現するよりも模型に塗ったときのカラーモジュレーション映えと、ウェザリングによる色味の変化を見越した色を調色した。先発の3セットは既存の基本色を使ったので、シャドー色を吹いた上に塗ると彩度が落ちて色が濁る。一方この セットの基本色は彩度が高めということもあり、シャドー色の上に吹いても鮮やかさを損ないにくい。そのため下地を活かした滑らかなグラデーションが付けやすくなる。

カラーモジュレーションを施す1　グラデーションをつける

エアブラシによるグラデーション吹きのコツ

●カラーモジュレーションの出来は、明部から暗部へ滑らかに色が変化するグラデーションの良し悪しで決まると言っても過言ではない。
●右のイラストのようにエアブラシを近づけて面に対して垂直に吹くと、塗料の拡散範囲が小さくボケ足が狭まる。この状態ではいくら塗っても色の境目はくっきりしたものになり、徐々に色が変わるグラデーションにはならない。
●前述したようにエアブラシは対象物に近づけるとボケ足が狭まり、その反対に距離を取るとボケ足が広がる。ただ距離を離して吹くだけでは、薄く色がついてそれ以上の変化はない。そこでイラストのように色が濃いところは近く、薄くしたい所は遠くなるよう、エアブラシをスイングしながらボケ足に強弱をつける。これで滑らかに色が変わるグラデーションが描ける。
●その他、塗料の濃度を薄めに希釈し、圧は抑えてエアブラシは止めずに早く動かす。

1 SD

2 RG

4 HL1

3 RG

5 SD　RG

1ここからはキットにカラーモジュレーション技法でハイライトとシェードを吹き付けていく。はじめに奥まった所や面の下側を中心にシャドー色を吹き付ける。新製品のロシアングリーンセットを使えば写真のように下地にシャドー色を塗ることができる。
2次にシャドー色を残しながら基本色を吹き付ける。このときエアブラシは少し離して基本色をシャドー色の上に被るように馴染ませる。
3基本色を吹き付けた状態。基本色は薄めに希釈し、シャドー色を透けさせることでグラデーションが滑らかになる。
4さらに凸部や面の前端～上端にハイライト1を吹き付ける。ただし凸部や前端だけに塗料を吹くのではなく前端から徐々に色が基本色→シャドー色へとグラデーションするように吹き付ける。このニュアンスは上の囲み記事で説明しているので参照していただきたい。
5（**4**）でハイライトを吹くと全体的に明度が上がりやすい。そこで薄めに希釈した基本色またはシャドー色を、影になる部分に吹き付けてメリハリを付ける。なおここまでの作業では一部の塗分けにプラ板でマスキングをしているが、他の明暗はすべてフリーハンドで塗り分けた。この状態は前ページのイラスト**3**と同じイージーフィニッシュといえ、ここで終了してもよい。

SD RGシャドー　　RG ロシアングリーン　　HL1 RGハイライト1　　HL2 RGハイライト2　　FW フラットホワイト

30

カラーモジュレーションを施す2　細部の明暗を塗り分ける

●車体の塗装と平行して転輪や履帯も塗装する。ホイールは車体と同様にシャドー色→基本色→ハイライト1を塗り重ねる。ただし後のウェザリングでハードに汚すならカラーモジュレーションはせず、基本色の1度塗りでよいだろう。ゴム部分はジャーマングレーのカラーモジュレーションセットからハイライト1を使用した。

1 ホイール部分は何時ものようにサークルカッターで切り出したマスキングテープを貼ってから、ゴム部をエアブラシで塗るとキレイに早く仕上がる。なお転輪は写真のように、段ボールに挟むと持ち手になり、まとめて一度に塗装できる。

2 C組みした履帯は2本並べて一気に塗る。色はMr.カラーのレッドブラン＋フラットブラック。

3 前ページの工程5からさらに各部を塗り分けて、模型が本来持っている情報量を引き出してやる。そのために各部をマスキングするのだが、パーツをガイドにテープを切れば、ピッタリのマスクを簡単に切り出すことができる。

4 パーツからマスクを切り出せない所は、こまかく切ったマスキングテープを対象に合わせて少しずつ貼ってマスクする。

5 マスキングしたパーツに本体より一段階明るい色（ここではハイライト1＋2）を塗って別パーツ感を出す。さらにその上から暗い色（基本色）をパーツの下側に吹いて陰影も付ける。

6 ボルトやフックのような小さいパーツは、筆を使ってハイライト色を塗る。ここで塗る色は本体の陰影の付き具合で変わるので、ハイライト1と2にフラットホワイトを適時混ぜながら、本体より明るい色を塗る。

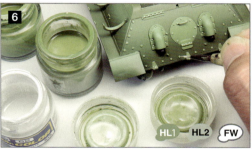

7 マスキングを外して、別で塗装したパーツを仮付けして確認する。さすがに別塗りやマスキングすると本体の色と合わない所が見られる。

8 薄めに希釈したシャドー色、基本色、ハイライト色を階調が唐突な所に吹き重ねて色を馴染ませる。このときエアブラシが色数分あれば色を馴染ませやすい。ただ馴染ませすぎるとコントラストが弱まるので注意する。

●カラーモジュレーションは「厳密にこれ」といった塗り方はなく、モデラーによって解釈が違う。階調を広げる場合もあれば、あまりこまかく塗り分けないものもある。ようはこうしないといけないというルールはなく、それぞれの尺度で自由に明暗をつければよい。面倒な技法ではあるが、塗装中の変化や、その後のウェザリング時の効果の出方が分かりやすく「塗りの楽しみ」が味わえる作業なのは間違いない。

フィルタリングの効果を見る

●フィルタリングは色調の変化と深みをだすための技法であるが、ウェザリングによる色のくすみを避けるための下地塗装でもある。写真左は同じ色でカラーモジュレーションを行なった2両を並べたもの。左が今回塗装した作例だが、最終的にダイオラマ仕立てにしたいのでかなりヘビーにウェザリングしている。右のカラーモジュレーションだけのものと比べると、色のくすみがあまり感じられないのがわかるだろうか？フィルタリングで彩度を上げておいたので汚しても彩度の高さを保っている。仕上がりとしては若干鮮やか過ぎな感じもするが、補色のバイオレットでフィルタリングすれば落ち着かせることはできるだろう。
●写真右は車体後部の予備燃料タンクを写したもので、上側のタンクはロシアングリーン2を塗ってから、ウェザリングカラーでウォッシングしたもの。下のふたつと比べると彩度と明度の低さがかなり違う。

フィルタリング技法をする前に 知っておきたい色の話

捕色・反対色・類似色とは

■色相環
色相とは赤、青、黄といった色味の違いを表し、色相環はその色を輪っか状に並べたもの。ある色の補色や類似色など配色を決めるときの目安に使う。色の配列は虹色と同じで、色数は上図の12色で構成されたものが分かりやすい。

■捕色
補色とは色相環で対角線状に向かい合う色同士のことをいう。（上図の緑に対して赤紫）補色は色相環で一番離れた色で、2色を組み合わせるとコントラストが付いて見せたい物を強調したり、視線を誘導することができる。ただ明度が高い補色を使うと互いが主張しあってまとまりが無くなり、散漫な印象をあたえてしまう。

■反対色
色相環で対角線状にある色が補色関係にあるが、その両隣の色を反対色と呼ぶ。上図でいうところの緑に対して赤と紫がそれにあたる。明度の高い色で補色を使ってアクセントにするときは、完全な補色よりその両隣の反対色の方がクドみがなく印象がよい。目立つ必要はあるがコントラストを落としたいなら反対色を選ぶ。

■類似色
類似色は両隣に接する色相が似た色のことを言い、上図でいうところの緑に対しての黄緑と青緑がそれにあたる。類似色は相性がよく、よく馴染むので使いやすく、フィルタリングで色調を整えたい時などに効果がある。ただ組み合わせによってはメリハリのない単調なイメージになる事もある。

明度とは

明度とは明るさの度合いを表す言葉。モデラー的にはある色に白を足せば足すほど明度の高い色になり、逆に黒足すと明度の低い色になると言えば分かりやすい。「遠くの物は空気のフィルターがかかって色が薄く見える」空気遠近法の解釈でスケールが小さい模型に塗るときは、明度を上げた色を塗る。ただ下の図でも分かるように、明度が上がると本来の色のイメージとは違った色になることもあり、そんなときは彩度も同時に上げる。またホコリ表現をするとき、明度を上げると汚れ映えしなくなることもあり、闇雲に明るくすれば良いというわけではない。

彩度とは

彩度とは鮮やかさの度合いを表す言葉で、彩度が高くなると純色と呼ばれるビビッドな色になり、低くなると白、黒、グレーのような無彩色になる。模型用の塗料を調色しようと混ぜ合わせるとどんどん濁って暗くなることがあるが、それが彩度が下がった状態。ミリタリー色は視認性を下げるために基本的にはどの色も彩度が低い。ただ模型として塗装したときに彩度が低すぎると、ウェザリングで馴染んでしまい締まりのない作品になったり、印象の薄い作品になったりすることもある。また彩度を落とすのは簡単にできるが、落ちた彩度は戻しにくい。

ロシアングリーンを例にフィルタリングの効果を解説する

全体にフィルターを均一にかける

■明度が上がり過ぎてぼやけた仕上がりになったときは……

基本塗装は空気遠近法を踏まえ、明度を上げて塗ることが多いが、イラストの左半分のようなぼんやりした仕上がりになりやすい。そんなときは（基本色が緑系）黄色のフィルターをかけてみよう。左半分と比べると、フィルターをかけた方は彩度が上がって色が締まっている。基本塗装は色調がくすむウェザリングを考慮して、明度を上げつつ彩度も上げておきたい。それとは逆に彩度が高いときは、全体に補色の色をフィルターすれば彩度が下がって色味が落ち着く。

■コントラストが付き過ぎたカラーモジュレーションには……

各部に明暗を加えてディテールを際立たせるカラーモジュレーション技法は、明から暗の階調を広げるとコントラストはつくが、各パーツが主張し合って散漫になってしまうこともある。そんなときは基本色の類似色を使ってフィルターをかけてみよう。フィルターを掛けてない左側と比べると、緑のフィルターをかけた方が色が統一されて一体感がある。ここではフィルターに緑色を使ったが、類似色となる黄色や青色でも同様の効果は得られる。

部分的にフィルターをかける

■車体色によく馴染む自然な陰を付けるときは……

模型の場合、モノに立体感を出すときは黒を使って陰影をつけがちだが、実際はそのものの暗い色を塗った方が陰がよく馴染む。絵画では明度を下げたり彩度を上げたりして陰色を作るが、陰に青を混ぜるとより自然な陰になる。これは空の色が反射した状態を再現したもので、陰になる所に青色をフィルタリングすると基本色が暗くなって陰が強調される。ただし墨天のロシアの冬を再現したいなら、彩度を落として暗く濁った色調にすると雰囲気がでる。

■別パーツ感をだして密度を上げたいときは……

どんな車両にもその形を特長づける部分があり、そこは作品の見せ場にすることができる。長大な砲身や微妙な曲線の鋳造物など、見せ場が見つかったら、補色をフィルタリングして際立たせてみよう。緑系の車体色の場合、補色は紫になるので、砲身なら付け根から下側へ、鋳造物ならそのフォルムに陰を付けたり、そのものの周りを塗ったりすると見せ場が際立つ。ただ補色を被せ過ぎると彩度が落ちてくすむので、使いすぎには注意する。

粘度が高い油絵具を使ったフィルタリング「ドッティング」

塗装面に点々と付けた絵具を伸ばして色ムラを付ける「ドッティング」と呼ばれる技法も、広い意味でフィルタリングと同じ薄い色の層を被せて表情を出すために行なう技法だ。ただ塗膜がムラ状に褪せた退色を表現できるし、表面に付いた油シミやホコリ汚れも再現できるので、どちらを描こうとしているのか意識して行なう必要がある。作業の流れははじめに、チューブから出した何色かの絵具を塗装面に面相筆を使って点々と付け、うすめ液を含ませた筆で絵具を伸ばして塗膜にムラ状の層を被せる。ただ筆で絵具を伸ばすときはすべて混ぜきらないように注意する。また使用する絵具は透明または半透明を使うと効果が出る。絵具を伸ばす筆に含ませるうすめ液の量は多いと絵具が混ざって消えてしまうので、余分を拭き取って作業する。

▲現用車両はマット仕上げなので退色がよく目立つ。迷彩は2色で塗られているが、両色とも白ちゃけたり、黒ずんだりサイズもまちまちなシミが点在している。ドッティングはまさにこれを表現する技法だ。

フィルタリング技法で塗装面を表情豊かに演出する

1 ここでは、GSIクレオスより発売さているフィルタリング専用塗料「フィルタ・リキッド」を使って、SU-122の塗装面を実際に変化させてみる。発売されているのは、スポットイエロー、フェイスグリーン、シェードブルー、レイヤーバイオレッドの4色で、フィルタリング技法で使いやすく、既存のウェザリングカラーにはない色が調色されている。成分や濃度はウェザリングカラーと同じだが透明感がある。そのため下地の色がよく透けて油絵のときのグレーズ技法や水彩画を描くような感覚で下地を活かして色調を変化させることができる。

2 使い方は塗料を溶き皿にとってウェザリングカラー専用うすめ液で濃度を調整しながら塗る。細部は面相筆や丸筆を使い、面は平筆を使って塗る。このとき写真のようなボカシ筆（先が丸くカットされた平筆）が使いやすい。

3 はじめにうすめ液で薄く希釈したフェイスグリーンを全体に均一に塗って、カラーモジュレーションで付き過ぎたコントラストを落ち着かせる。塗料の濃度は写真のようにかなり薄めではあるが、ハイライトの上には色が載りやすく、この濃度でも充分効果はある。

4 ハッチや突起部にスポットイエローを塗って別パーツ感を出す。この色を全体にムラ状に塗れば緑色に変化を付けることもできる。
● 今回は緑の車体色の上に黄色でフィルターをかけたが、仕上りは最初から模型用塗料の黄緑で塗ったのとはまったく違う。半透明の黄色い塗膜を通して見える緑の車体色は一見して黄緑に見える。しかし黄色の層を透過することで混ざる色合いはとても深みがあり、黄緑を一層塗っただけでは再現できない。そしてその深さが色の奥行きを生み、微妙に変化がついた色味に仕上がる。

5 フェンダーには予備燃料タンクや雑具箱の陰ができるので、シェードブルーを塗って暗くする。写真のように塗料を塗ってから、うすめ液を含ませた筆で余分を拭き取りながら塗料を伸ばす。なお、この色は彩度が高めで明度は低い濃い色味に調色されている。そのためひと塗りで深みがでるが、塗りすぎると暗くなりやすい。使う時は薄め液で濃度を調整したい。

6 予備燃料タンクはふたつ連なると一体化して見える。そこでどちらかひとつにシェードブルーでフィルターをかけて色味を変えてみた。

7 バイオレットは緑に対して補色なので、パネルの周りや窪みに塗るとパーツが際立つ。ただ補色同士を混ぜるとグレーになる。使いすぎると色が沈むので塗料の濃さを注意する。

8 フィルタリングできたらパネルラインや窪みにピンウォッシュしてディテールに陰をつける。今までこの工程ではグランドブラウンのみを使用したが、今回はそこにシェードブルーを入れて青味のある陰色でウォッシュした。青味があるだけで緑色とよく馴染みウォッシュのクドさも感じにくい。

9 10 写真 **9** がフィルタリング前で **10** がその後。車体色に変化が付き深みがでているのが分かるだろうか。フィルタリングはモデラーによってやり方に微妙な違いがある。均一な濃度で全体に被せる場合や部分的に塗り重ねる場合など、やり方ひとつで仕上りが変わる。個性を出しやすい工程でもあるのでこだわってみてもよいだろう。
● フィルタリングもウォッシングも基本的にやり方は同じ。ただ違うのは、フィルタリングは色調を変化させる目的で行なう技法で工程は基本塗装。ウォッシングは暗い色を流して隅に入り込んだ汚れを描いたり、汚れたシミや退色を表現するのでウェザリングの目的で行なう技法。ふたつの技法を行なうときは「これは色を変化させる」「これは汚し」と意識すれば明確に違いは出る。
● ここで使ったフィルタ・リキッドの使用例はグリーン系の基本色に対して選んだ色で、基本色が変わってもフィルターの色はそのまま使えるものもあるが、基本的には変える必要がある。

スポンジチッピングのコツは大きいスポンジに油彩を付けてスタンプする

- 車体表面の塗膜の剥げやキズといったチッピングは、シリコーンバリアーやヘアスプレーなどの実際に塗膜を剥がす方法もあるが、作例ではスポンジによるスタンプと筆の描き込みで再現した。
- スタンプによるチッピングで注意したいのが同じ模様が付いてしまうこと。これはスポンジを同じ向きでスタンプするために、単調で不自然になってしまう。（写真左端）これを解決するには先を尖らせた大きなスポンジを使うとよい。スポンジが大きいと持ちやすく回しながら向きを変えられる。
- スタンプする塗料は油彩のバーントアンバーとバーントシェンナを使用した。油彩は粘度が高いので鋭角でこまかい模様をスタンプできる。また乾燥が遅く不要な模様はうすめ液を含ませた筆で拭って消したり、錆が浮いたように輪郭をボカすこともできる。ただ粘度が高すぎると盛り上がってしまうのと、作業中に手が触れると消えてしまうこともあるので作業中は注意が必要。

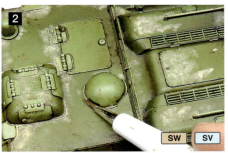

WCやWPを使って、ホコリと土汚れを盛り込む

1 フィルタリングとピンウォッシュをしっかりと乾かしたら、ストレーキング（雨だれ）を行なって面の汚れを再現する。ここで使用するのはウェザリングカラーのグランドブラウンとサンディウォッシュの2色。始めに面相筆を使ってグランドブラウンで筋を描き、平筆に含ませた専用うすめ液で筋をボカす。ここで注意するのが筋の間隔と長さ。それと筆に含ませるうすめ液の量。筋は間隔、長さともに変化をつける。またそれをボカす筆は、うすめ液を含ませる量を少なくボカすときの筆圧も弱くする。

2 車体の上面には薄く被ったホコリ汚れを再現する。使用するウェザリングカラーはサンディウォッシュ。瓶の底に溜った粘度の高いものを面相筆を使って入り隅や窪みに置いていく。感覚的にはドッティングをするように点々と疎密を付けながら塗料をのせる。続いてこれも専用うすめ液でボカしたり伸ばしたりして汚れに塩梅を付けていく。ただ垂直面は上下方向に筆を使って伸ばし、水平面はフィニッシュマスターで叩くように塗料をボカす。ここでも均一にならないように、よく汚れている所とあまり汚れていない所を描き分けて汚れに変化を付けておく。

3 車体下部や足周りにはウェザリングペーストの新色「マッドイエロー」を使用した。黄色味の強い色なのでグリーン系の車体色との相性は良い。ただ汚れていない所に付けると唐突で汚い印象をあたえてしまう。そのためはじめにペーストの下地となる汚れとしてサンディウォッシュで汚しておく。汚すときのコツは下地として塗ったサンディウォッシュを隠してしまわないこと。マッドイエローの下かチラッと覗き見える汚れにより土汚れに深みがでる。

● ペーストは平筆に取ってべったり塗ると汚れの塩梅を付けにくい。作業は写真のように面相筆でペーストをちょんちょんと載せていく。このとき入り隅などに多めのペーストを載せてほかの部分と疎密を付ける。なおペーストを載せる作業はかなり筆を酷使する。毛の付け根にペーストが入って毛を傷めるので、ペーストを塗るときは使い古したものがよい。

4 履帯はサンディウォッシュでウォッシングした後、専用うすめ液で若干薄めに溶いたマッドイエローをスパッタリング。乾燥後に凸部を綿棒で拭き取ってから、フィニッシュマスターに付けたメタルカラーのクロムシルバーを擦って金属質感をだした。
※ウェザリングカラーの専用うすめ液はプラスチックを侵しにくいが、プラスチック製の可動履帯への使用は避けた方が良い。繊細なピンは溶ける可能性があるので写真のように先に接着しておく。

5 転輪もサンディウォッシュ→マッドイエローの順番で汚す。泥は転輪のフチに溜るので、塗布した後にうすめ液を付けた筆で中心から外に余分なペースト拭っておく。

6 泥よけが外れた所は履帯がかき上げた泥が積もる。このようなボリュームのある汚れはペーストに砂を混ぜると再現しやすい。ペーストはここでも面相筆を使ってバランスを見ながら載せていく。

7 積もった泥はそのままでは浮いてしまうので、泥の周りにペーストをスパッタリングして泥はねを再現した。

8 ウェザリングペーストのウェットクリアーにグランドブラウンもしくはステインブラウンを混ぜて点々と塗ると、オイル染みが再現できる。シミは部分的にうすめ液でボカして濃淡を付ける。

SU-122
EARY PRODUCTION
4TH TANK ARMY, BRYANSK FRONT, AUGUST 1943.

36

●彩度の低い緑の上に明るいホコリ色を置いて、コントラストを強めると作品の華やかさが増す。ウェザリングは車両の置かれた状況を説明する要素だが、汚れの色使いを工夫すれば見た目の印象を強めることもできる。
●黄色味の強いマッドイエローは中央アジアやヨーロッパ中部〜東部にかけてよく見られる色で、車両の汚れや地面の土表現に使いやすい。ただ黄色といっても濃いめの色調なので重みがあり、車両の重量感を出したいときにも使いやすい。車体色との相性はベージュ系よりもグレーやグリーン系のものと合わせやすく、アメリカ軍のオリーブドラブや、ロシアングリーンの車体に付着した土汚れとして良く映える。
●作品はロシアングリーンの単色塗装だがカラーモジュレーション技法を取り入れて塗装し、ディテールを強調することで精密感を高めてみた。ただこのような陰影は実際にはあり得ない。「不自然なことはやらない」というスタイルもアリだが、ウソを見映えとして割切るのも悪くはない。世の中にはそんなウソを上手くついた、すばらしい作品が幾らでもある。

戦車模型で扱われるさまざまな技法は一見するとリアル指向で同じ目的に向かっているようにも思えますが、厳密にはそれぞれ目指す方向は異なります。立体感を重視したり、写実的な仕上がりを目指したり、模型的見映えを優先したり。そしてここでご覧いただく世界的AFVモデラー、"ミグ"の愛称で知られるミゲル・ヒメネス氏が仕上げたホイペットは、模型的見映えとリアルさをうまく両立させた仕上がりが魅力のウェザリング術が光る、見ると必ず真似したくなる仕上がりなのです。

WWI マーク A ホイペット 中戦車
タコム 1/35
インジェクションプラスチックキット
税別6800円
発売元／ビーバーコーポレーション　http://beavercorp.jp
製作・文／**ミゲル・ヒメネス**

ミニチュア映えとリアリティを両立させた ウェザリング術

1 タコムのキットは見事な出来で、スマートな部品構成はとても組み立てやすい。キットには小さなエッチングパーツも入ってるけど、今回は後部フェンダーに手を入れてみた。ドイツ義勇軍のホイペットは前部マッドガード支持架とか、標準的なホイペットと比べて部品がけっこうなくなってるんだ。

2 基本塗装作業にアクリル塗料を使うなら、プライマーを必ずしっかり塗っておこう。はじかないように、塗料を薄く希釈して、一度にブワッと吹き付けず、そーっと数回に分けて塗るのがコツだ。

3 ダルグリーンの車両を再現することを選んだからって、ダークグレーを塗っちゃいけないって決まりはないよね。ベースになる色は「ベース」でしかないんだ。基本色をプライマーみたいに塗り重ねる。塗り終わったら24時間乾燥させよう。

4 デカールは品質もよくて貼りやすいけど、戦闘室側面のマーキングは重ね貼りが必要だ。最初に鉄十字、最後にドクロだ。

5 6 7 ウェザリングの第一段階は二色のフィルターで、それぞれ数時間乾かす。このフィルターが基本色の色調を整え、ウォッシングのいい下地になるんだ。

8 つぎに暗い色でスミ入れ（ピンウォッシュ）だ。こまかいディテール、接合部、パネルラインのまわりにしたら、2〜3分乾かそう。

9 10 11 それからメイク用のスポンジでリベットまわりの余分な塗料を拭いてキレイにしていった。この方法だとリベットだらけの広い面積のときは時間が節約できてオススメだ。スポンジに抵抗があるなら、筆と澄んだターペンタインでブレンディングしてももちろんOKだよ。

12 エンジンフード部とかの垂直部分に錆の混ざった雨だれ汚れを再現しよう。MIG-1203ストリーキンググライム色を細筆でこまかく筋状に塗っていった。おっと、そのまえにこの部分で調子を見たかったのでほかの部分はやってないけどチッピングを筆で描き入れている。

13 それから大きな平筆に澄んだターペンタインを少量含ませて、このこまかい雨だれをブレンディングしていこう。うっすらとスジを残すのがポイントだ。

14 仕上がりは最終的に雨だれがかすかにだけど、でも確かに見えるようにするんだ。効果が弱すぎると思ったら、また**12**から繰り返そう。と、いってもやりすぎるとフィルタリングみたいになっちゃうし、そうなると車体の色も変わってしまうので程々がイイかもね。

15 今度は油彩で楽しんでみよう。ブルーでパネルごとにコントラストをつけてみた。

16 2〜3分たったら、キレイな筆とターペンタインでブレンドできるようになる。

17 油彩で部分ごとに色味が変化してるのがわかるかな。今度はこれをブレンディングしてあげよう。

18 とても明るいグリーン系色で同じ作業をするんだけど、今度はハイライトの部分だ。これで模型にいい感じにボリューム感とコントラストがつくんだ。

19 20 21 仕上がりがちょっと大げさに感じるかもしれないけど、あとでホコリなんかを重ねていくから大丈夫。ハッチやほかの部分とのコントラストがうまくついたね。こんなメリハリが単色塗装でも見どころを作りだすんだ。

22 激しく塗膜が剥がれたようなチッピングを施していこう。使うのはスポンジをちぎったもの。これが最高の筆代わりになるんだ。

23 軽く押しつければ、こまかい点々がこのとおり。MIG-0044チッピング色をスポンジに取ってポンポンとスタンプのように付ければ、広い部分を一気にチッピングできるぞ。最初は模型じゃなく、紙などほかのものでテストしよう。

24 それから同じ色を細筆で塗って、もっとチッピングを足していこう。リアルに仕上げるコツは、ランダムさと節度をキープすることなんだ。

25 できあがり。リアルな使用感が出ていていい感じだろ？

26 27 スポンジを使ったチッピング法は平らな部分で大活躍だけど、付けたくない部分にも塗料が付いてしまう弱点もある。といってもまわりはマスキングしておけば、チッピングを入れたい部分だけできるんだ。

28 天面など水平部ってチッピングをどこに施せばいいかわからないことがあるよね。そんなときは各パネルの中央部にするといいんだ。

29 同じ色で、引っかきキズを極細の筆で塗っていこう。
30 基本色を明るくした色で、こんな風に引っかき傷キズのハイライト部を塗るんだ。
31 32 錆系色のエナメル塗料で、ラジエターキャップまわりみたいに水が溜まって錆そうな部分を塗っていこう。何分か待って乾いたら、キレイな筆とターペンタインでブレンドする。
33 これでシャープでメリハリのある、いい感じにすっきりした仕上がりになった。次にピグメントでホコリを再現していこう。
34 最初は水平面に明るいホコリ色のピグメントを数色組み合わせながら、まぶしていこう。
35 それを澄んだターペンタインで湿らせてから乾かす。ピグメントにターペンタインを付けてすべてのラスはダメ。ちょっとだけでいい。
36 37 38 それからまたホコリをすべての水平部に足していこう。ピグメントは湿らせると色が暗くなるけど、乾けばすぐまた明るくなる。この段階だと乾いたとき、ちょっと汚なすぎる感じがするんだよね。そこでつぎの作業をするんだ。
39 40 41 42 ピグメントが乾いたら、スポンジで表面をこすって余分なピグメントを落とそう。余分なホコリは落ちるけど、ディテールやパネルライン、リベットのまわりには残るんだ。こんな感じにしたいなら、乾くと落とせなくなるピグメント定着液は使っちゃダメだよ。

第一次大戦の迷彩色を考える

●イギリス軍のMkAホイペット戦車、車両番号A220をドイツ第2軍団が鹵獲したのは1918年だった。この車両は9月初めにB.A.K.P20で修理されて第13大隊へ送られたんだけど、10月15日にベルリン近くのマリーエンフェルトの自動車輸送軍団の試験中隊へ移籍された。でも結局B.A.K.P20に戻されて、1919年1月のベルリンでドイツ義勇軍が革命派を鎮圧するのに使われたんだ。第一次大戦で使われた色がわかる写真や情報は少ないから、ドイツ義勇軍が使ったホイペットがどんな色だったかはハッキリしない。鹵獲されたホイペットの英軍オリジナルカラーはモスグリーンが一般的だった。でも修理のときに違う色で塗られた可能性はあるよね。いろんな迷彩色で塗られたほかのドイツ軍ホイペットの写真はけっこうあるんだけど、ドイツ義勇軍のホイペット53号は現存写真だと迷彩が全然ないみたいなんだ。この車両はグレーの単色塗装だったのかもしれないし、ドイツ軍が迷彩に使ってたダルグリーンで塗装されてたのかもしれない。この色は白黒写真だとグレーとまぎらわしいんだ。しかもオリジナル塗装のままで、塗りなおされなかった可能性もある。つまり時間がたって退色したモスグリーンの塗装のうえに、鉄十字やマークを直接塗ることもあったワケ。もしそうだったら、色はオリジナルからかなり変色してて、たぶん元の色よりずっと明るくて、くすんだ色になってたはずだよね。今回はふたつ目の可能性、ドイツ軍がダルグリーンで再塗装したことにしてみた。これならグレー塗装よりもずっと色味がおもしろくなるし、変色したモスグリーンを再現するよりもカンタンだ。でもモデラーだったら、いつだって実験してみて、自分なりの結果を出したくない？ だってモデリングである意味、考古学なんだから、第一次大戦で使ってた色ってどんなの？ みたいなムズカしい問題に答えを出してみたいじゃない。

（ミゲル・ヒメネス）

45 **44** **43** 今度はさっきの各種ピグメントと石膏、そして自然汚れ（土やホコリの色）のエナメル塗料少量を混ぜて、サラサラの混合物を作るんだ。その混合物を古い大きな筆でとって、エアブラシのエアーで吹き飛ばしていく。こうすると模型にこまかい泥しぶきがつくんだ。混合物をターペンタインやエナメル塗料を増やして薄めれば、しぶきも薄くなる。

46 数分後、泥が乾いたら、筆と澄んだターペンタインでこのこまかいしぶきを拭きとったりブレンディングして、ソフトで自然な感じにしていく。この作業を今度はもっと暗い泥色で繰り返すんだけど、施す範囲はさっきよりも狭くするのがコツだ。

47 色は同じだけど、もっと濃度を上げた混合物を泥がたくさんたまりそうな箇所に盛っていこう。

48 最後に付いたばかりの垂れている泥を、油彩系のエナメル塗料で各所に再現するんだ。油彩系だとテラっとしたツヤが出るから、新しい泥の感じがよく出るんだ。

49 同じ油彩系の塗料でエンジンや排気管周りにリアルなグリースやオイルの染みを再現しよう。最後にガンメタルのピグメントを指につけてエッジ部をこすれば、装甲板やハッチにリアルな金属感が出せるぞ。これで完成だ！

WWI Mark A Whippet
Takom 1/35
Injection-Plastic kit
Modeled and described by Mig Jimenez

42

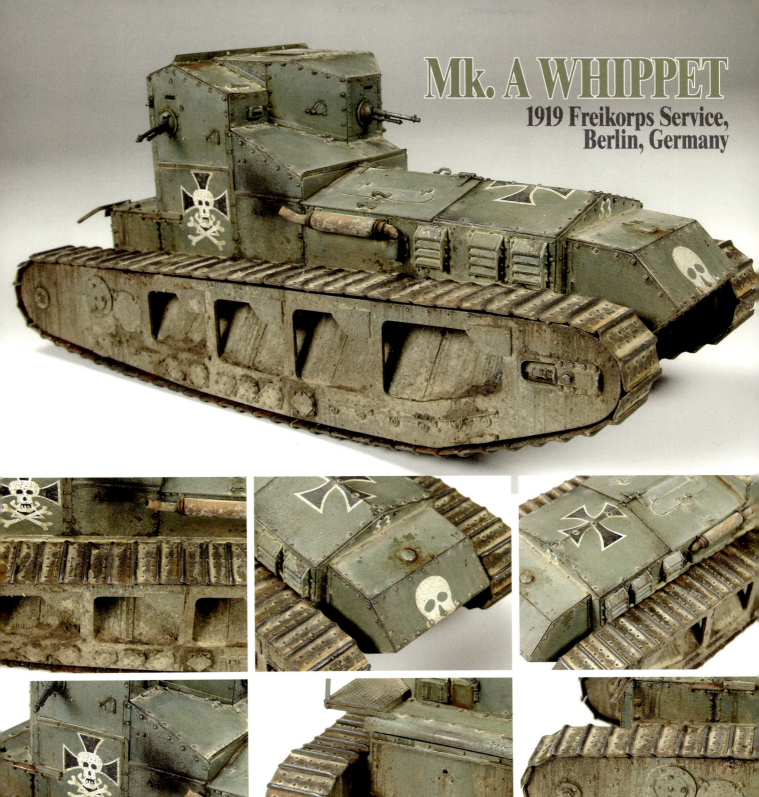

Mk. A WHIPPET
1919 Freikorps Service, Berlin, Germany

1/48 Jagdtiger

ドイツ重駆逐戦車 ヤークトティガー
初期生産型
タミヤ 1/48インジェクションプラスチックキット
税別2000円
㈱タミヤ ☎054-283-0003

製作・文／ミゲル・ヒメネス

いまや海外製のウェザリングマテリアルは戦車模型の塗装に欠かせない存在。でもあまりに多く出回っている製品の勢いに呑まれてはいませんか？そこでウェザリングを語るうえで欠かせない海外モデラー、ミグ氏に彼自身のブランド、『アモ・バイ・ミグヒメネス』製品を駆使して仕上げた作品の工程と使用するマテリアルをご紹介します。

海外のウェザリング専用マテリアルを使いこなせ!

戦車模型の楽しい部分だけを味わうモデリングスタイル

うまく戦車を塗るには、いくつかカンタンな手順を踏むだけでいいんだ。モデラーって、やたらそれをフクザツにしちゃいがちで、ほかの人はマネしたくてもできなくてガッカリってことも多いよね。作るための時間や知識がない場合だってよくあるし。でも誰でも苦労せずに魅力的な模型は作れるんだ。それにはちょっとした素材やカンタンなコツを掴むだけ。それからまどきのモデラーはディテールアップやアフターパーツで模型をカッコよくしなきゃダメだって考えすぎじゃないかな。でもそれってこのいちばんの楽しさ、模型を完成させるってことを忘れちゃうようなネガティブさもあるよね。もしひとつの模型を作るのに3〜5カ月かけるんだったら、塗装の練習なんかしてるヒマはないはず。でも模型の塗装って、スポーツなら練習みたいなものじゃない。だから1日1時間でもいいから、毎日練習しなきゃいけないと思うんだ。なのでボクはたまには模型をストレートに組んだほうがいいよって、みんなにオススメしているんだ。ていうか、素組みが基本でもいいかもね。

44

Chapter 1
チッピング液

●水溶性の塗装剥がし液。今回は冬期迷彩を剥がすために使用している。

●冬季迷彩ってモデラーなら誰でもやってみたい塗装のひとつだよね。とくにドイツやソ連の戦車で。今回はドイツの「ダークイエロー」に迷彩をキメるカンタンな方法を見ていこう。

1 プライマーで下地処理、アクリル塗料のダークイエローで基本塗装を済ませ、冬期迷彩の塗装に入る。冬季迷彩でいちばん大事なのは、剥がれ表現液を準備することなんだ。この製品はアクリル系で、とても使いやすい。何度も薄く塗り重ねたら、つぎのステップでチッピングだ。

2 剥がれ表現液を塗って数分乾かしたら、白を塗る。模型全体を真っ白にしちゃダメだぞ。ランダムに濃淡をつけるのがコツなんだ。

3 何分か待つとチッピングの準備は完了で、表面をこすって塗料をはがせるようになる。表面を水道水で濡らし、腰の強い太い筆を使おう。

4 水をつけると数秒で白の塗膜がゆるんでくるから、筆でこすれば塗料がはがせる。

5 エッジ部を筆でこすると、カンタンに基本色のダークイエローが顔を出してくるぞ。

6 この作業をするときは頭脳派でいこう。水平面はもちろん、工具や外部装備品まわり、そのほかのダメージにさらされる個所のほうが傷みは激しくなるよね。実車写真を研究すれば、もっと正確にできるようになる。

Chapter 3
ウォッシュ

●ウォッシュと表記された製品はピンウォッシュ、スミ入れのために調色されたもの。これも迷彩色に合わせたラインナップがある。

1 つぎはエナメル塗料でウォッシングだ。ピンウォッシュを小ディテール、リベット、接合部、パネルラインまわりにきれいに施すには、細い筆を使おう。

2 ディテールの隅やボルトにウォッシュ液を流していく。多少塗料がはみ出しても、この段階では気にしない。

3 ウォッシュ液を数秒乾かしたら、はみ出した不要部分をメイク用のスポンジで吸い取ろう。それがむずかしい個所はターペンタインを少し含ませた筆を使ってぼかすのもOK。

4 これで模型にコントラストがつくぞ。

Chapter 2
フィルター

●薄めに調整されたエナメル塗料。アモ・バイ・ミグヒメネスの製品は迷彩色に合わせて種類もたくさんある。今回は冬期迷彩用を使用。

■アクリルの半ツヤバーニッシュを吹いて乾かしたら、エナメル塗料をまず塗っていく。この最初のステップで使ったのは「フィルター」という製品で、基本色を落ち着かせて、表面に奥行きをあたえるために開発されたんだ。でもこれはウォッシュ液とは違うモノ。フィルターはすべての面に均一に塗るもので、ウォッシュみたいに塗り重ねないんだ。

45

◀ウォッシュを数時間乾かしたら、雨だれ汚れが塗れる。これもエナメル塗料でやるんだ。エナメル塗料がどんなウェザリングにもベストなワケは、ブレンディングや修正が自由自在だからだ。アクリル塗料はそうはいかないから、ウェザリングには向いていない。いろんなサイズの垂直な線を塗っていこう。線の長さや塗料の濃度に差を付けるとブレンドしたあとにいい結果が得られる。そのあとエナメル薄め液を含ませた筆を上下に動かして、さっき塗った線をブレンドしよう。筆にエナメル薄め液を含ませすぎたり筆でブレンドしすぎたりしてストレーキングを消してしまわないようにしよう。ちょうどいい表情のときに作業の手を止めることも大切だ。仕上がりは、かすむだけれど確かに見える感じになったらOKだ。

Chapter 4
ストレーキング雨だれ

●雨だれ、錆だれなど水気を含む汚れが重力に沿って流れた痕を再現するウェザリング塗料。エナメル薄め液と併用して描き込んだ線をぼかしたりブレンドしていくといい効果が得られる。

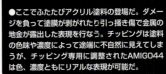

Chapter 5
チッピング

●ここでふたたびアクリル塗料の登場だ。ダメージを負って塗膜が剥がれたり引っ掻き傷で金属の地金が露出した表現を行なう。チッピングは塗料の色味や濃度によって途端に不自然に見えてしまうが、チッピング専用に調整されたAMIG044は色、濃度ともにリアルな表現が可能だ。

1チッピングはアクリル塗料のダークブラウンがマストアイテムだ。アモ・バイ・ミグヒメネスのチッピングカラー、AMIG044はこれにピッタリなんだ。チップの描き込みには毛先の揃った極細の面相筆も必要不可欠だ。
2 3車両の傷みかたが激しい角部やハッチまわりを中心に、こまかく線や点々、引っかきキズを描き込んでいこう。控えめを心がけて、とくに1/48の場合、チップのサイズをできるだけ小さくしよう。
4チッピングを足すことで鋼鉄らしさと重量感が出てきた。くれぐれも、チップのサイズは大きくなりすぎないようにしよう。細部に集中するのもいいけれど、たまには全体を見渡してバランスを確認しながら作業を進めよう。

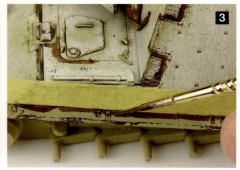

Chapter 6
ストレーキング垢汚れ

●さきほど使ったストレーキング塗料を今度は違う汚し表現に使う。立体感を強調する影、モールドの隅に溜まった水垢汚れとしても使用している。同じ塗料でも雨だれで使ったときと比べて異なる筆使いに注目。

1 2雨だれに使った色は、影や土汚れも塗れるんだ。ピンウォッシュで立体感を出した部分をさらに強調させるために塗料を塗っていく。さらにパネルラインやハッチに沿って塗料を塗り、別パーツであることを強調させることもできる。水垢汚れが溜まりそうな水平面にも塗料を置いていこう。
3今回の車両はサイドフェンダーを取り外した状態にした。サイドフェンダーが付いていた名残りとして取り付け部の周りに垢汚れや土汚れを再現した。サイドフェンダーが付いていたときには汚れがおよばない部分にはマスキングテープを貼って作業した。
4数分塗料を乾かしたら、エナメルうすめ液でブレンドしよう。この作業をすると、模型にコントラストとボリューム感が出せるんだ。

◀アクセサリーや工具は全部ランナーにつけたまま塗装してみた。これなら塗りやすいし、車体に余計な色がつくアクシデントもないからね。この作業には細筆とアクリル塗料を使った。塗装する前にプライマーを塗るのを忘れないようにしよう。今回使ったのは黒いプライマーだ。

▶OVMの塗装には専用色がセットになったAMIG7112のツールカラーセットが便利だ。

Extra Chapter
OVMの塗り分け

●OVMを接着せず別パーツとして作業を進めたわけはこれまで行なってきたウェザリングで筆を動かす際に邪魔にならないことと塗り分けが容易になるためだ。小さなパーツだからといって下地処理や塗り分けはおろそかにならないようにしよう。

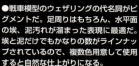

Chapter 7
ピグメント

●戦車模型のウェザリングの代名詞がピグメントだ。足周りはもちろん、水平面の埃、泥汚れが溜まった表現に最適だ。埃と泥だけでもかなりの数がラインナップされているので、複数色用意して使用すると自然な仕上がりになる。

1ピグメント作業は楽しいよね。ピグメントを使えばお手軽にホコリ汚れが再現できる。使い方も簡単だ。暗色と明色も準備して、複数色でやるのがミソだ。1色だと模型全体が単調になっちゃうから、これはとても大事なんだ。使用したのは、AMIG3000のピグメント定着液であるフィクサー、AMIG3004のヨーロピアン・アース、AMIG3007のダーク・アースだ。
2中ぐらいの筆で水平な部分にピグメントをのせていこう。入り隅部や奥まった部分には暗色のピグメントを使うんだ。
3 4主砲の下にも色をのせて、表面をエナメルうすめ液でしめらせた。
5 6エンジンデッキも同じようにしよう。うすめ液がしみ込むとピグメントがすごく暗い色になるのがわかるかな。これは普通のことで、乾けば色は元に戻るんだ。

Chapter 8
オイル

●これまでツヤ消しの塗料を使用してきたのに対し、この工程ではつや有りのオイル汚れを施していく。目立つ表現なので慎重に作業を行ないたいが、生きている車両の証になる。前工程のピグメントとも相性のいいウェザリングだ。

1今度はさっきピグメントをつけた個所にグリースやオイル染みをつけるぞ。フレッシュエンジンオイルはこの大事な作業にピッタリのエナメル塗料だ。模型の最終仕上げにこの作業は絶対欠かせないんだ。でもやりすぎはNG。 **2**オイル塗料をエナメルうすめ液でちょっと希釈したら、ところどころに小さな染みを描きこもう。乾いたらまた同じことを繰り返すんだけど、今度は濃いめに希釈して、量とサイズを減らすんだ。

◀ちょっとだけ錆色の雨だれをつけるのも、忘れちゃいけない仕上げ作業なんだ。チッピングの工程で描き込んだ傷の部分から錆だれが流れ落ちたように塗料を塗っていく。細く小さい線を描いたら何分か乾かして、エナメルうすめ液を含ませたきれいな筆でブレンドしよう。とにかくランダムさが命！

Chapter 9
ストレーキングラスト

錆表現はやりすぎてしまうと廃車のような表現になってしまうが、戦車の素材である鉄を演出するには有効な手段。錆垂れを表現するAMIG1204、ストレーキングラストエフェクトを使用してチッピング箇所に錆だれを再現する。

Chapter 10
スプラッシュ&マッド

飛沫を飛ばして模型に付着させることで泥跳ねを再現できる。液体状の塗料だが、粉の成分も含まれているので立体的な表現になる、新感覚のウェザリングマテリアルだ。

●泥付けはけっこうむずかしいんだ。失敗したら模型がパーだからね。でもいちばんの問題はモデラーが泥の付きかたをよくわかっていないことなんだ。トラックやユンボ、ブルドーザーの実車写真をチェックして、本物の泥の付きかたを勉強するのがとても大事なんだ。アモの製品、マッドエフェクトとスプラッシュエフェクトなら、リアルな泥が再現できる。いちばん大事なのは質感と色なんだ。

1 明るい色で泥しぶきを塗ってみよう。使うのは古い筆とエアブラシだ。
2 スプラッシュ塗料を筆に含ませたら、エアブラシに筆をかざして塗料を吹きつける。濃度が濃すぎると、泥しぶきも厚く、大きくなっちゃうんだ。しぶきを小さくしたかったら、スプラッシュ塗料をエナメル薄め液で薄めよう。
3 最初のスプラッシュ塗装から何分かたったら、エナメルうすめ液を含ませた平筆でブレンドできるようになる。泥がアクリル塗料だとムリだけどね。
4 2時間乾かしたら、またスプラッシュ塗装を繰り返そう。何度も塗ると厚みが出て、もっとリアルな質感になるんだ。
5 車体前部とフェンダーは一度塗れば充分で、ブレンドしなくてもいい場合もあるぐらいだ。
6 泥再現用の塗料を使ってみよう。これはスプラッシュ用よりも濃度が濃くて、今回使ったのは色も暗かった。エアブラシのエア噴射で車体後部に泥を散らしてみた。この新製品の暗い色は半〜全ツヤに仕上がるから、本物みたいになるぞ。
7 8 後部ではいろんな質感と色を組みあわせて、とにかくランダム塗っていった。
9 履帯は戦車とは別に塗ると、作業がしやすいんだ。庭からとってきた砂を泥用塗料に混ぜて、各履帯板の凹部につまった厚い泥を再現してみた。泥をつめるのには楊枝を使った。

●今回ボクはシンプルな模型が作りたかったんだ。カンタンな模型にしたワケはただひとつ、塗装を楽しめるからだ。それならタミヤのキットがピッタリだよね。家族とくつろぎながらでも、1日でできちゃうんだから。これならすぐに塗装が始められる。取っ手やエンジングリルを金属に改造しなきゃとか、悩まなくていいんだよ。これは塗装を楽しみながら練習するためなんだから。ボクのオススメは、超気合いのはいった模型をひとつ作りながら、1ヵ月に1個、気楽に模型を塗るってスタイルだ。　　　　　　　　　　（ミゲル・ヒメネス）

TAMIYA 1/48
GERMAN HEAVY TANK DESTROYER
JAGDTIGER EARLY PRODUCTION
Injection-Plastic kit
Modeled and described
by Mig Jimenez

1/48 Jagdtiger

いまやトレンド技法となった アルコール落としをおさらいしよう。

●アルコール落としという技法をかい摘んで説明すると、現実世界で起こる事象を模型上で再現しようというもので、たとえば「車体に積もった埃は雨によってどう流れどう溜まるのか」を、アクリル系塗料とアルコールに置き換えて短時間でシミュレートしようという技法だ。塗料の粒子をアルコールの動きに任せて流していくわけだが、塗料やアルコールの量を調節したり、筆運びのコントロール次第でさまざまな表情を作り出すことができ、ある程度のコントロールも可能なのだが、発案者である竹内氏本人も「まだまだ研究中」と言うだけあって、完全にコントロールし、思いどおりの汚れ方を表現するのはかなりむずかしいようだ。また、アルコールの揮発の早さにより結果がすぐに出やすいというのも、この技法を使うメリットと言えるだろう。使用するアルコールはランプなどに使う燃料用アルコールが最適とされている。しかし、その名称からもわかるとおり燃料用アルコールは非常に引火性が高い。使用する際は周辺に火気が存在しないことを充分に確認したのち、部屋をつねに換気しながら自己責任のもとで行なってほしい。

手早くリアルな埃表現ができるアルコール落とし

MAIN BATTLE TANK
LEOPARD 1A5/C2 2in1
レオパルト 1A5/C2 2in1
タコム 1/35
インジェクションプラスチックキット
税別6600円
問 ビーバーコーポレーション　http://beavercorp.jp
製作・文／竹内邦之

埃汚れはピグメントやウェザリング用のエナメル塗料といったマテリアルで再現できます。もちろんそれらを使っても充分リアルな表現が可能なのですが、ここで紹介するアルコール落としも是非試していただきたい技法のひとつ。速くて簡単、なおかつリアルというメリットの多さから、たくさんのモデラーに受け入れられている技法です。

1️⃣使用する塗料はタミヤアクリル塗料のバフ、フラットフレッシュ、フラットアース、カーキドラブなどをあらかじめ混色し、アクリルうすめ液と水半々で50％ほどに希釈して使用する。
2️⃣塗料をエアブラシで吹き付ける。アクリル塗料が乾いてしまうとアルコールで落としづらくなり、コントロールがむずかしくなるので部分的に吹きつけては落とす、を繰り返す。
3️⃣アクリル塗料をアルコールで落としていく。筆にたっぷりアルコールを含ませて落として行く。塗るようにしてしまうと不自然な筆跡ができるので、アルコールで流す感覚で行なうことが大切。
4️⃣車体の角やハンドルなどの部分には埃は溜まりにくいはずなので、アルコールを含ました綿棒でふき取る。こういった作業をすることでメリハリの付いたリアルな作品に仕上げることができる。
5️⃣フェンダーなど埃や泥が多く溜まりそうな部分には、薄めた塗料をそのまま筆で置く。塗るのではなく置くという感覚で行なう。
6️⃣砲塔など、地面から離れた部分は砂埃がかかりにくい。足周りとの汚れ具合いのメリハリを付けるという意味でも控えめに済ませておく。ただし、画像のように天板部分はハッチとの別パーツ感を高めるためハイライトの意味も込めて塗料をそのまま塗り、アルコールで馴染ませることもある。
7️⃣履帯も車体と同じ要領でアルコール落としをする。履帯の外側の強めに塗料を残し、転輪と接する内側は色を薄めにしておいた。
8️⃣最後にスミ入れを行なう。使う塗料はGSIクレオスのウェザリングカラーのグランドブラウンとステインブラウン。うすめ液でかなり希釈して、ディテールが浮き立つように部分的に塗料を流し込む。スミ入れによって埃を残す部分とで塗料を入れる部分をすみ分けることで、より車体表面の表情を付けることができる。

基本塗装は半ツヤに

ツヤ消し　　半ツヤ

●アルコール落としを行なって、乾燥後に塗装面が真っ白になってしまったという失敗例をよく耳にする。これのいちばんの原因は、基本塗装面のツヤが消えた状態だ。ツヤ消し面は塗膜がザラザラしているため、埃色のアクリル塗料が強く付着して落ちなくなり、この現象が起こってしまいます。そのため、アルコール落としをする際の基本塗装は半ツヤの状態が絶対条件となってくる。

LEOPARD1 C2
TAKOM 1/35
Injection-Plastic kit
Modeled and described by Kuniyuki TAKEUCHI

MAIN BATTLE TANK
LEOPARD1 C2

暗い基本色と明るい埃色のコントラストがキモ!

①塗装前の状態。砲塔上部のグレーに塗られた部分は、滑り止めを表現するためサーフェイサーを遠吹したもの。
②サーフェイサーを全体に吹いた状態。サーフェイサーはタミヤのプライマー入りのものを使用。この後のアルコール落としによるエイジングはこのサフェイサーとの相性が良いようだ。このあとツヤ消し黒を使い影になる部分などに吹いておく。つまりシェーディング。
③先ほどのシェーディングを残しつつ基本色のグリーンをGSIクレオスのMr.カラー濃緑色(16)とオリーブドラブ(12)を1:1で混色したものを吹いた。本来なら、さらに白を加えて明るくするところだ。シェーディングの効果と相まって暗目の基本塗装が完了。防盾部分のキャンバスカバーをダークイエローで塗装した。ここまでできたところでデカールを貼り乾燥後、ラッカー塗料の半光沢のクリアーを塗布してデカールを保護しておく。
④タミヤアクリルによるアルコール落としで埃を表現する。一見「きな粉まぶし」状態だが失敗ではない。この後で表情をコントロールしていくのである。アルコール落としはエイジングの第一段階。この段階で終えてしまうと、ボワっとして締りのないものになってしまう。また、車体色を暗目にしているのはこの埃色とのコントラストを強く出す目的もある。つまりアルコール落としがあってこその暗目の車体色ということだ。
⑤次にGSIクレオスのMr.ウェザリングカラーのグランドブラウン、マルチブラックを使って部分的にスミ入れ。また、雨だれなどを描き込む。アルコール落としで作った明るい埃の部分を残し、少しずつ行なうのがポイント。さらに薄く希釈したラッカー塗料のフラットブラックを使って、全体をまとめるようにシェード吹きを行なう。これによりアルコール落としで表現した埃と、シェード吹きの影とでさらにコントラストが生まれ、全体的な明暗の面積比のバランスが取れるのだ。
⑥グラファイト(鉛筆の粉)と油彩のランプブラックを混ぜたものを使い、エッジを中心にダークドライブラシを行なうことでさらに全体をひきしめていく。油彩の茶系、緑系、青系などのさまざまな色をうすめ液で極うすくしたものを短く切ったナイロン筆にとり指で弾いて全体にしぶきをかけ、こまかいシミを付ける。埃の上のこまかいシミはリアルに見せるのに効果的である。

52

シェード吹き

スプラッシュ

グラファイト

アルコール落としの効果を引き立てる3つの仕上げ

A さらに深みを出すためにシェード吹きを行なう。シェード吹きとは影部分を強調して作品に立体感を持たせる作業である。ラッカー系塗料で調色した半光沢のダークパープルを20％以下に希釈した物を使用する。奇抜に思えるが影部分にパープルは効果的なのである。車体の下部など陰になる部分を下から吹き上げるように塗装する。部分的にエッジ面などに吹き付けて視覚的効果で演出してもいい。

B スプラッシュとは色が付くか付かないかぐらいまで希釈した油彩を模型全体に筆で弾いてシミをつける技法だ。混色せず各色を個々に使用する。筆はコシのあるナイロン製を短く切って使用。また筆の素材、太さによっても弾いた際の感じが違ってくるので何種類か用意すると良いだろう。指で筆を弾いて車両全体に不規則な薄いシミを作る。アルコール落としによって作られた塗膜の効果でにじみの広がりがリアルになる。

C グラファイトは鉛筆の芯の部分である。グラファイトのみでは金属色が強く出過ぎるので、それを調整するために油彩のランプブラックと混ぜる。これを車両の角などに擦りつけるように塗り、金属感を演出する。油彩は適度に薄くして様子を見ながら擦りつけるのがコツ。

MAIN BATTLE TANK
LEOPARD 1 C2

LEOPARD1 C2
TAKOM 1/35
Injection-Plastic kit
Modeled and described by
Kuniyuki TAKEUCHI

53

MAIN BATTLE TANK
LEOPARD 1 C2

●暗めの車体色と埃色が相まみえることで独特の重量感を醸し出す仕上がりとなった竹内氏のレオパルト1。作品を見ると基本色を暗めに設定しているのは、埃色が乗ることで完成時に作品全体が明るくなることを見越しているということがわかる。暗くすることが目的ではなく仕上がりを考慮した結果ということ。アルコール落としを行なった直後はぼやけた印象だったが、途中の油彩を使ったエイジングや仕上げのダークドライブラシで引き締められている。つまりアルコール落とし技法は、基本色の時点で始まり、途中のエイジングで表情が整理され、ダークドライブラシで締めるところまでの一連の作業と考えるとよいだろう。

LEOPARD1 C2
TAKOM 1/35
Injection-Plastic kit
Modeled and described by
Kuniyuki TAKEUCHI

M42A1 自走高射機関砲ダスター
後期型（ベトナム戦争）
1/35 AFVクラブ
インジェクションプラスチックキット
税別6400円
㈱GSIクレオス ☎03-5211-1844
製作／竹内邦之

アルコール落としの効果を見る

アルコール落としの方法が分かったところでこのテクニックを極めた竹内氏による作品の細部の仕上がりを見ていただきましょう。どこにどのような色を使っているのか、どのくらいのせているのかなど、プロの作品を見ることで仕上げのヒントになるポイントが見つかるはずです！

●ベトナムの赤土をイメージした埃表現はタミヤアクリル塗料のフラットアースを使い表現。ダスターのようなディテールの多い車両にはとくに効果が高い技法だ。砲塔、フェンダー、足周りと地面に近づくにつれ埃汚れが強くなるのがお分かりいただけるだろう。各ディテール面の埃の溜まり具合いや雨だれ表現などにも注目しつつ細部の仕上がりにもご注目いただきたい。

M42A1 SELF-PROPELLED ANTI-AIRCRAFT GUN
DUSTER

アルコール剥がしで行なうチッピング

埃表現に絶大な効果を発揮するアルコール落としはその塗膜の強さが利点のひとつでもあります。ここで紹介するアルコール剥がしはそんな利点が活きてくるチッピング技法です。リアルな埃表現だけが魅力ではない、アルコール落としの応用編、「アルコール剥がし」をご紹介します。

ソビエト軍 BMP-2 歩兵戦闘車
トランペッター 1/35
インジェクションプラスチックキット
税別4500円
㈱インターアライド ☎045-549-3031
製作・文／竹内邦之

敢えてホコリ表現の上に塗る ウェザリングの先にあるアルコール剥がし

●マーキングは本来エイジングやウェザリングの前に行なうのが一般的だが、ここではあえてアルコール落としを終えた状態でマーキングを描きこみ、そこからマーキングを剥がす技法を紹介しよう。

▶基本塗装の上でボロボロと剥がれ落ちるマーキングは、即席で追加されたことを物語る。

▲ここもアルコールをたっぷり含ませた筆で、これまでどおり洗い流すようにする。フェンダーの上やサイドスカートの凹みなど、水平面に溜まるようにコントロールしてやると良い。

▲車体上面はフェンダーの隅など埃が溜まりそうな部分を中心に塗料をエアブラシで吹き付ける。塗料は車体下部で使用したものと同じものだが、施す量は若干少なめに。

▲最後にウェザリングカラーのグランドブラウン、スティンブラウンなどで雨垂れや油汚れを描き込み完了。識別マーキングの垂れは、剥がしの後に別途描き込んでいる。

▲塗料が乾燥したら、アルコールを含んだ筆で塗装面を撫でると、ボロボロとリアルに塗装が剥がれおちていく。もちろんやり過ぎは良くないが、剥がれの強弱は付けたい。

▲車体上部にも同様に白帯を追加し、側面にはウクライナ国旗を模した識別マーキングを書き込んだ。これもラッカー塗料を使ってエアブラシで塗装している。

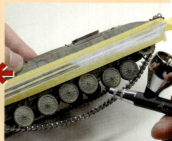

▲今回製作したウクライナ軍の車両の特徴でもある白帯を塗装する。埃汚れの上からマスキングをし、ラッカー塗料のフラットホワイトをエアブラシで塗装する。

冬期迷彩にも応用できる！

●このJS-1ではこのページで紹介しているマーキング剥がしと同じ工程を経て冬期迷彩の剥がれを再現している。冬期迷彩はウェザリングの前工程、基本塗装の延長として考えられる。そのため冬期迷彩の剥がし後もさまざまな仕上げをするので強い塗膜を作っておくほうが好都合だ。アルコール落としを応用したアルコール剥がしは、作業後も強固な塗膜が確保できるのが魅力。アルコール剥がしで冬期迷彩を剥がすことで後のウェザリングにも耐え得る強い塗膜を確保でき、なおかつリアルな剥がれ表現もできるので一石二鳥だ。左のJS-1を例に使用する塗料を解説すると、基本塗装はラッカー塗料のロシアングリーン。剥がし液の代わりにアクリル塗料のバフを吹き、ラッカー塗料の白で冬期迷彩を吹き、アルコールで剥がした。

▲下地のロシアングリーンと冬期迷彩の中間に吹いたアクリル塗料がアルコールに反応して冬期迷彩が剥がれるという寸法だ。

BMP-2

●筆が入りにくい入り組んだ場所から強弱のむずかしい平面まで、自然な剥がれが再現できるのがアルコール剥がしの魅力でもある。ラッカー系塗料の上に塗装したラッカー系塗料を剥がしているので、塗膜の強さは折り紙付き。アルコール剥がしだけではウェザリングをした車体との差が出過ぎてしまうので油彩やエナメル系塗料で汚しを追加し、周囲と馴染ませることもポイントだ。

BMP-2

BMP-2
Trumpeter 1/35
Injection-Plastic kit
Modeled and described by
Kuniyuki TAKEUCHI

Geschützwagen Tiger für 17cm Kanone

ドイツ軍兵装運搬車両 "グリレ17"
トランペッター 1/35
税別9800円
㈱インターアライド/ ☎045-549-3031
製作・文/アダム・ワイルダー

Geschützwagen Tiger für 17cm Kanone
TRUMPETER 1/35
Injection-plastic kit
Modeled and described
by Adam N. P. Wilder

塗装で"鋼鉄"らしさを演出する!

海外トップモデラーのなかでもずば抜けた塗装表現力を持ったビルダー、それがアダム・ワイルダー氏です。ここでは塗装により、まるで本物の鋼鉄でできているかのような再現が施された作品がいかにして噛み出されたのか? 塗装テクニックの神髄を分割写真と解説によってくわしく紹介していきましょう!

模型を本物の鋼鉄らしく仕上げる!

グリレ17の唯一知られる実車は1945年5月にパーダーボルン近郊のハウステンベックで英軍に接収された試作車だ。数少ない記録写真によると、車台には走行転輪、起動輪、誘導輪などの走行装置が大方付いていた。写真では履帯は未装備だ。本車用の170mm砲1門も同所で発見されている。私は模型を作るなら写真と同所での初期の装備が完全に揃っていない、主砲や履帯などの所期の装備が完全に揃ったもののしようかとずっと決めていた。完成すれば、この模型はとてつもない大きさと巨砲のおかげで堂々たる作品になるはずだった。キットを組み上げれば私の計画は実現したのも同じだったが、実際の試作車は発見時、未完成状態だった。そこで私はこの模型を未完成の状態にすることにした。鋼鉄ならではの鋼鉄色を未塗装の状態にすることにした。鋼鉄色を未塗装にするのが大好きなのだ。金属色を未塗装にするのが大好きなのだ。金属色を未塗装にするのが大好きなのだ。製造時や保管時についたキズや汚れなど、表情がいくらでもつけられる。これなら多種多様なグレーと錆色のパターンを組み合わせることで隅々までコントラストがつき、迫力あふれる模型にできる。今回の作例記事ではこのグリレ17を使って、本物の鋼鉄らしさを表現する技法について解説したい。ちなみに作例はソ連軍が接収した車両という設定にした。

模型を本物の鋼鉄のように塗るには、何段階にもわたる塗装工程が必要だ。またこの模型はとても大きいので、ディテールは繊細で複雑だ。そのため、作例では取り回ししやすいよう部分ごとにこまかく分けて塗装した。各部分品は塗装がほぼ終わった段階で組み上げて完成させた。作例の鋼鉄部分の塗装で多用したのは私がスペッキングとスポンジ技法だ。それから私がスペッキング(飛沫技法)とも呼ばれる塗装法だ。スプラッシングとも呼ばれる塗装法だ。車体の前部と側面下部を中心に施すが、これは観察箇所が一貫してないと、どの技法をどう組み合わせて全体として塗られた色の層がどう生むのが、わかりにくいからだ。この模型のほかの部分もこれらの箇所と大体同じ方法で仕上げている。■

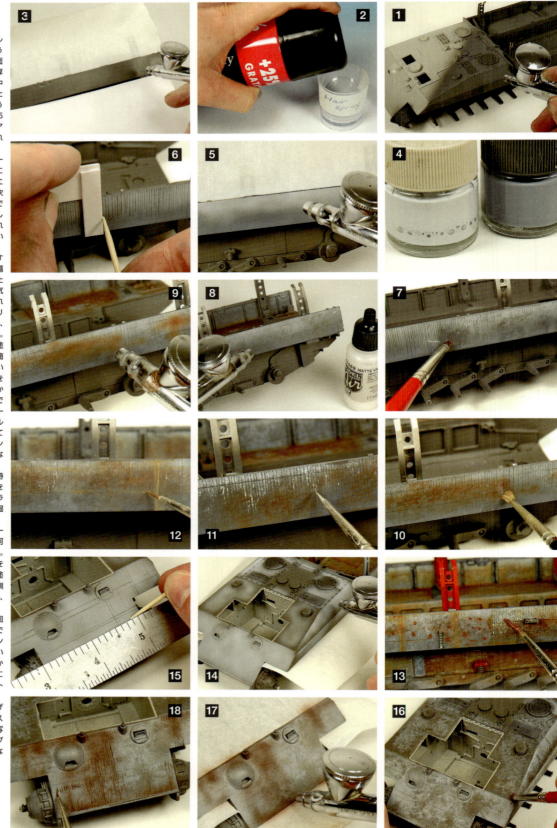

1〜3 まず下塗りとしてタミヤのアクリル塗料でグレーを作り、ラッカー系塗料のうすめ液で希釈して模型全体に塗った。側面下部装甲板を手始めにヘアスプレー剤を厚く吹いたが、これはあらかじめコップの中に吹いておいたものをエアブラシに移したものだ。ヘアスプレーはエアブラシのほうが意図する場所に塗りやすい。厚めに4〜5回吹く。ザラつきなどの心配は無用でヘアスプレーはどんなに吹き重ねても乾燥すればほとんどに平らになる。

4 5 タミヤのアクリル塗料を混ぜてグレーを2色作り、水で薄めて牛乳ぐらいの濃さにした。明るいほうを装甲板の上のほうにエアブラシし、暗いほうは下半分を中心に吹いた。これはカラーモジュレーション用ではなく、むしろこの模型の塗装中に参照した資料写真がそうなっていたからだ。これらの色はヘアスプレー層から剥がしやすいよう、薄塗りを心がける。

6〜8 ある資料写真で装甲板の1枚にかすかな垂直の筋が板の全幅にわたって等間隔に写っていたが、これは製造過程でついた可能性が高い。めずしい例だが、これが気に入ったので作品にアイディアとして入れてみた。装甲板に鉛筆で0.8mm間隔にアタリをつけ、プラ板製の垂直出し治具を作り、爪楊枝で表面を引っ掻いて再現してみた。ヘアスプレー層の上にエアブラシされた塗料を線状にケガき落とすのに水は不要で簡単に筋を入れることができる。筋をケガいたら、写真のように改造した腰の強い筆を湿らせてタミヤの塗料をヘアスプレー層から剥がした。また写真から発見した水平で平行な筋も2本ケガいた。このヘアスプレーと塗料からなる第1層はファレホアクリル塗料のマットバーニッシュを2〜3回吹いて定着させた。ファレホのマットバーニッシュは水を数滴足すとエアブラシしやすくなる。

9 10 ヘアスプレーと塗料の第1層を6〜8時間乾燥させたあと、新たにヘアスプレーを吹いた。今度はタミヤの塗料で作ったブラウンを1色、水で薄めて軽く吹いてから、湿らせた腰の強い筆で軽くチッピングした。

11〜13 薄めのアクリル塗料で明るいグレーを何色か作って追加した。さらに錆色も何色か資料写真に見られる箇所に追加した。それからもっと明るくて薄い錆色を油彩を混ぜて何色か作り、ブレンドするように塗って、これまで塗った色のすべてを軽く馴染ませた。側面装甲板が仕上がったので、車体前部に取りかかった。

14〜16 側面と同様にヘアスプレーを3〜4回吹き重ねてから、タミヤのアクリル塗料で作ったライトグレー1色を水で薄めてランダムに塗った。垂直の筋は爪楊枝でケガいた。ヘアスプレー層の上に塗った塗料をかき落とすのに水が不要なのは同じ。つぎにこのグレーの塗膜をチッピングし、マットバーニッシュを2〜3回吹いて定着させた。

17 18 塗装がここまで進んだ時点で、仕上げ工程での各種ウェザリング時にコントラストと多彩さを高めるため、別の装甲板の写真も研究してみた。前部装甲板にヘアスプレーを2〜3回吹き重ねてから、さまざまな栗色の錆色をランダムにエアブラシした。

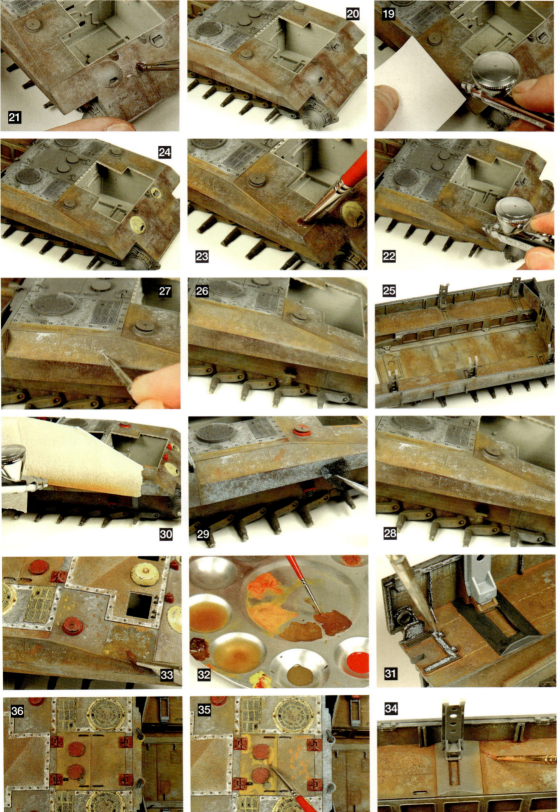

19〜21さらに部分ごとのコントラストを強めるため、茶色寄りの錆色を複数色、紙でマスクしながら車体の残りの部分にさらに塗った。そして先と同じように栗色と茶色の層を水剥がしチッピングし、ファレホのマットバーニッシュで定着させた。

22〜25約8時間乾燥させて第1層を定着させたあと、側面装甲板にさらにヘアスプレーを吹いた。今回塗ったのは明るいオレンジブラウンぐらいの1色で、チッピング後定着させた。写真24、25から多彩な錆色のおかげで鋼鉄の装甲板にどれだけコントラストがついたかがわかる。

26〜27明るいグレーを1色、細筆で塗ってチッピングを増やし、ハイライトを加えた。写真26と27はこの工程の前と後。この明るいグレーで色の幅と奥行き感が増した。

28〜31側面装甲板の下部にはさらにグレーのアクリル塗料を多色塗装してテクスチャーを変え、上部とのコントラストを強めることにした。材料の保管中にほかの装甲板から移った、もらい錆による斜めの筋も効果的だ。エナメル塗料や油彩での作業に移る前、最後にしておくのは水平な支柱など、車内のその他の金属部を筆でしっかり塗ることだ。これらの大半は褐色系のタミヤアクリル塗料で塗った。つぎに写真31のように細筆で色調の違うグレー数色をチッピングした。追ってするエナメルと油彩の錆色ウォッシュでこれらの色はブレンドされ、まったく鋼鉄にしか見えなくなる。

32〜37この上に油彩、エナメル、ピグメントで錆色を足していくのは、これまでよりは少し楽しい気がする。写真のように3色の錆色を混用して、模型のあちこちにランダムにブレンドしていった。この工程は色彩的に豊かにするだけでなく、各部のコントラストを増す効果もある。

38 39さらに装甲板の製造時にできた筋に錆色を複数色筆塗りブレンドし、筋を強調した。40明暗さまざまな錆色を腰の強い改造太筆で模型に跳ね散らした。これを私はスペックリング技法と呼んでいる。これらの錆の微細な飛沫のおかげで、鋼鉄部の大部分がツヤ消しのリアルな感じになる。飛沫技法をするときは模型での本番の前にきれいな紙で必ずテストし、筆から飛ぶしぶきが大粒になりすぎないようにすること。

41〜44溶接跡をリアルに塗装することは非常に重要だ。溶接部は銀色へ振っておくとメリハリがつき、装甲板とのコントラストも強まる。作例の溶接部は以下のようにして再現した。溶接跡の再現の第一歩は、接合部全周にミディアムグレーを注意深く薄っすらエアブラシし、熱焼けで変色した範囲を表現することだ。この作業は塗りすぎになりがちなので、私のようにこまかいエアブラシ塗装に自信のない人はマスキングテープを使うのも手だ。テープは溶接線の片側だけを覆うようにする。そしてこのテープを狙ってエアブラシを吹くと、写真42のように反対側のエッジに薄っすら色がのる。あとはテープを剥がして同じ作業を溶接線の残りの側で繰り返すだけだ。装甲板はバーナー切断加工されたため、かすかに変色した部分は下端にもあるが、こちらは手順は同じでも紙で覆うだけで充分だ。このときも型紙の端に塗料を吹くよう心がけ、必要部に薄っすら色がつくようにする。

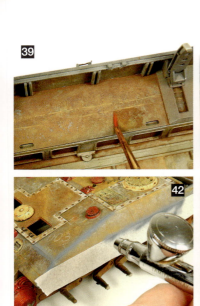

㊺㊻溶接線のビードをハンブロールのアルミニウムとガンメタルを混ぜた色で塗った。この銀系色の上に鉛筆を削って作った粉（以下：黒鉛）を指でこすりつけた。
㊼〜㊾今度は装甲板のグレーの部分を中心に黒鉛を軽くこすりつけた。画材店で売っている消しゴムつき鉛筆も便利だ。本物のような金属の輝きを模型につけている最中に、錆色部の大事な部分が消えてしまうことがある。これを防ぐには模型にこすりつける前に紙で指先から余分な黒鉛をふき取ればいい。私は必ずウェザリングのあとに前の段階に戻って各種の錆色をまた追加するが、これは地面色で錆色が隠されてしまうこともあるからだ。
㊿ウェザリング前の最終仕上げとして、溶接や熱焼けで変色した部分にごく薄い錆色ウォッシュをランダムにかけた。

●私が過去に作った作品のなかで、この模型ほど時間がかかったものはなかったと思う。とにかく塗装の作業量が多くて圧倒されそうだった。むずかしかったのは各部分のそれぞれの塗装段階ごとに、満足できる仕上がりにできるだけの時間を配分することだった。さまざまな塗装段階にある各部分品の塗装中に、わざわざ手を止めてその後の塗装手順を書き出したこともあったほどだ。読者諸氏がこの記事の技法を試される場合は、これより小さな題材を選ばれることをおすすめする。最後にこのユニークな車両がついに私のコレクションに加わったのはとても嬉しい。ウェザリングにも満足だ。この模型の多彩な鋼鉄色を地面色が隠しすぎないようにすることができた。

Geschützwagen Tiger für 17cm Kanone

30.5cm ベーア自走砲
スクラッチビルド 1/35
製作・文／**アダム・ワイルダー**

海外トップモデラーの技法を再現できるマテリアル

アダム・ワイルダーがプロデュースするブランド、「ワイルダー」。彼のウェザリング技法を再現したければ、最適な濃度や色調に調整されている「ワイルダー」の製品を使わない手はないでしょう。ここでは本人の作例を見ながらその使い方を紹介します。

●容器は同じでも用途はこまかく分類されている。まずはこのブランドの主なカテゴリーを紹介する。

WASH ▼日本ではスミ入れと呼ぶほうが伝わりやすい、「ウォッシュ」。基本色に合わせてさまざまな色味がある。

FILTER ▼ほかの塗料と比べ、薄めに稀釈されたフィルター用塗料。基本色に統一感や経年変化の質感を与える。

▲ピグメントはウェザリングに欠かせないマテリアルのひとつで、当然ラインナップされている。青いキャップが目印だ。

EFFECT ▼泥、埃、錆など戦車模型のウェザリングで一般的なエフェクト（効果）を再現できるエナメル塗料。

SPECKLING EFFECT ▼アダム氏が得意とする、筆に付けた塗料をはじいて飛沫を付ける「スペックリング」に適した塗料。

66

スクラッチした30.5cm ベール計画自走砲

レジンキットから採寸してプラ板で自分バージョンとしてフルスクラッチビルドしたのが写真❶だ。溶接線はすべてエポキシパテで造形して加えた。ハッチやエンジングリルの部品はドラゴンのヤークトティーガーポルシェ型からで、キットからていねいに切り離して作例に移植した。❷車体が延長されているので、ポルシェ型サスペンションをレジンで複製した。ポルシェ型サスペンションが独特の雰囲気を出していると思う。金属製砲身と防盾はニューコネクションキットのものだ。装甲板の表面はタミヤパテを溶いて塗ってから、ていねいにやすりがけして滑らかにした。エッチングパーツと牽引ロープはアベール製だ。フリウルモデルの履帯も欠かせなかった。未塗装状態の写真では牽引ロープ、ハッチ、主砲、装甲装置などは少量の瞬間接着剤で仮留めしている。

▲モデラー仲間のハーマン・ヴーステクと話し合い、私はこの模型をドイツ海軍の迷彩で塗ることにした。ベースのダークイエローにはカラーモジュレーションを施している。

ピンウォッシュ液

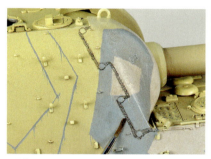

▲余分なウォッシュがついた部分はエナメルシンナーできれいにしよう。的を絞ったピンウォッシュは、この溶接跡のようなディテールをきわ立たせるのに効果的だ。

●次にスミ入れとして、ピンウォッシュ液を使う。パネルラインやモールドの隅に流すことで全体を引き締め、ディテールを際立たせる効果がある。

フィルター液

▲ウォッシングの第一段階として、模型全体にフィルター液のブラウンを薄く塗った。こうすることでカラーモジュレーションされた車体色に統一感が出せる。

●自作すると意外にむずかしいフィルター液の濃度。プロが調整したものなら安心だ。模型全体を覆うのでたっぷりの容量もうれしい。

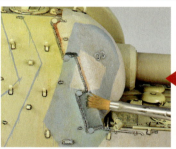

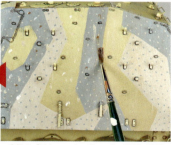

ウェザリング・オイル

▲油彩のブレンドにはうすめ液をまったく含まない、完全に乾いた筆を使おう。油彩をブレンドすると各ディテールのあいだに写真のようなコントラストがつけられる。

▲さらに油彩をブレンドして、側面、前面、上面、防盾のあいだに微妙なコントラストを作り出した。各部の迷彩色によって使っている色を変えているのがお分かりいただけるだろうか。

▲少量のブラウン、ベージュ、白の油彩で迷彩色を基本塗装になじませる。いわゆるドッティングと呼ばれる技法だ。これには模型を半つや消しに落ち着かせる働きもある。

●油彩は伸びが良く、下地の色調を変化させるのにとても適している。ワイルダーのウェザリング・オイルは速乾、つや消し仕上げになるウェザリング専用のものだ。

▲本来フェンダーがついていた場所を明るい錆色で縁取るのは心にくい演出だが、マスキングテープと油彩のブレンディングで簡単に再現できる。

▲乾いた筆で油彩の際をぼかした。この油彩を使った方法は簡単にディテールを際立たせることができるんだ。

▲ハッチやディテールにも色調の変化を付けよう。このような複雑に入り組んだ部分はエアーブラシよりも油彩と筆で行なうほうが簡単だ。

▲ご覧のように油彩ブレンディングが各部をきわ立たせているが、これがカラーモジュレーションの形成で大きな役割を果たす。

▲もしスペックが大きすぎたり、ボテっとなりすぎたときは、そのあたりをエナメルうすめ液を含ませた筆で修正すればいい。

▲ニトロラインの「スペックリング・エフェクト」シリーズはこの技法にピッタリな濃度と色味だ。スペックリングは加減が微妙な技術なので、模型にはほんの少しずつ行なおう。

▲まずは筆に付けた塗料の量を調節する。筆に含まれた余分な塗料を紙で拭きとってからスペックリングのテストをしたが、これは本番でやりすぎてしまうのを防ぐためだ。

スペックリング液

●スペックリングは筆に付いた塗料ははじいて飛沫を飛ばす技法。小さなチッピングや泥跳ねを再現するのに適したウェザリング塗料だ。

▲暗い錆色の雨だれも加えることにした。ダークストリートダートは車体側面のかすかな雨だれにも使える便利な色だ。

▲ベールの明るいサンドイエローに映えると考え、ダークストリートダートを使うことにした。この塗料をグリルや通気口まわりにブレンドし、部品間のコントラストを強調した。

▲大きめのチップの箇所にかすかな錆色を塗る。塗料を完全に撹拌し、少量を大きめのチップや引っかき剥がれに塗った。錆色は4〜5分乾かしてから、エナメルうすめ液でブレンドしてぼかした。

エフェクト液

●エフェクト液は泥、埃、錆汚れとさまざまな効果を想定した塗料。性能を最大限に引き出すためによく錯覚することだ。

▲アクリル塗料、ピグメント、石こう、ふるいにかけた砂を混ぜて泥の液を作り、厚くこびりついた泥を再現した。

▲さまざまな地面色ピグメントを履帯にまぶし、エナメルうすめ液でブレンドさせながら定着させた。数色のピグメントを使うことで、履帯にさまざまな表情が生まれる。

▲車体や砲塔上部の埃汚れにもピグメントが活躍する。明るい埃色のピグメントを乗せ、エナメルうすめ液で定着させた。

ピグメント

●埃や泥表現には欠かせないのがピグメント。ワイルダーからは豊富な色数がラインナップに加わっている。

▲さらに今回、新たな泥表現として、ニトロラインのダークストリートダートとロシアンブラウンアース色のピグメントに油彩のツヤありバーニッシュを混ぜて再現した。

▲この泥の液を筆にとってエアブラシの瞬間吹きで転輪に跳ね飛ばした。履帯と車体下部にも泥の液をスペックリングでつけた。

◀複数の色のピグメントと石こうと砂の質感、さらにツヤの有無でさまざまな情報を模型に追加することができた。

68

30.5cm SFL Bär

いつまでも眺められる納得の出来を目指す

完成に到った作品でこれほど没頭したものはあまりない。意外なことに組み立てで2、3回苦労しただけで、それ以外はほとんどすんなりいった。また、ただでさえめずらしいこの題材がドイツ海軍迷彩のおかげで、かなりいい感じに仕上がったと思う。この手の大型車両は土の付着が少ないのが普通なので、ウェザリングは控えめにした。牽引ロープの取りつけを塗装完了後にしたのは、雨だれやその他の塗装の便のためだ。時間のかかった模型だったが、そういう作品ほど自分のディスプレイケースにあるのを何年眺めても飽きないものだ。■

30.5cm SFL Bär

カラーモジュレーション塗装による超絶作品を目の当たりするも、あまりの複雑な塗装法に断念。しかし、「別の方法で同じ効果が得られる方法はないものか」と、自己流の塗装法を編み出してしまったのがスペイン人モデラーのホセ・ルイス・ロペス氏。ココで紹介する塗装法は、陰影を先に描いてしまうという「コロンブスの卵」的塗装法である。

複雑な技法を簡略化できる塗装術 "B&W"（ブラック・アンド・ホワイト）

異なるアプローチで目指した先人たちと同じ到達点

昨今の模型製作技法の進化には目を見張るものがあります。新しいキットや塗料、そしてウエザリング・マテリアルが次々発売され、世界中のモデラーの技術向上に寄与しています。模型専門誌やSNSなどには、ひと昔前では考えられなかったような超絶作品がどんどん登場しています。

一方で、一般のモデラーやビギナーにとってこれは一種のストレスを生む原因になりつつあるのではないかと私は懸念しています。彼らスーパーモデラーとビギナーの間にはすでに越えられない深淵ができてしまったように思うのです。「よし、これをお手本にやってみよう！」と思っても、このようなテクニックは誰もが簡単に習得できるものではなく、最後には「やっぱり才能が違うからね」と諦めてしまうこともままあるのではないでしょうか。

私が本格的に模型製作を始めたのは2008年のことですが、その年、スペイン・カタルーニャ州ジローナで開かれたワールド・モデル・エキスポで、モジュレーション、ウェザリング、ウォッシュなどの技法を駆使した超絶作品の数々を初めて目にして茫然としてしまいました。それを機に、模型初心者の私はこれらの技法を自分のものとすべく、一所懸命コピーするところから始めたのです。

なかでも私が魅了されたのは、光の陰影を再現するカラーモジュレーション技法でした。でも、すぐに私は行き詰まってしまいました。色調を再現する法則が私にはよく理解できなかったのです。この技法では色彩の法則が基本にあって、基本色の組み合わせや彩度・明度のコントロール、影を塗るときに混ぜる際のさまざまなルールなど、私には複雑過ぎることばかりでした。私のブラック&ホワイト塗装はまだまだ完成形ではありませんがこの問題に対する私なりの答えです。

灰色だけの変化なら誰にでも簡単にできるはずなのです。黒色と白色の分量を調節して混ぜるだけでいいわけですから。この黒と白のたった2色を使って、「最終的にはカラーモジュレーション技法と同じような陰影を繊細に表現しておくことで、最初に陰影を塗る簡単なテクニックを乗せていけば望みのごく薄く溶いた車体色が透けて見えるようにごく薄く溶いた車体色は？」と考えたのです。そのとき私は「これはいけるぞ」と思いました。これが光の陰影や透過性を再現する私のブラック&ホワイト・テクニックの出発点なのです。ではこれから具体的にご覧いただくことにしましょう。■

イラク軍戦車 T-55エニグマ
タミヤ　1/35
インジェクションプラスチックキット
税別4600円
㈱タミヤ ☎054-283-0003
製作・文／ホセ・ルイス・ロペス

全世界に広まった効率的な技法

▼このページの上に掲載した写真はブラック＆ホワイト塗装を表すのに、非常に象徴的な一枚ではあるが塗装途中のもの。完成形はこのように仕上がりとなる。基本塗装に使う色は一色だが、下地のグレーが織りなす明暗のおかげで、カラーモジュレーション塗装と同等の効果が得られる驚きの塗装法なのだ。

▶ホセ氏の考案したブラック＆ホワイト塗装を再現するための専用塗料セットも製品化されているので、こちらを利用してもいい。
ブラックアンドホワイト技法セット
税別2800円
㈱ビーバーコーポレーション

B&W塗装法実践術

1. 最初のプレシェーディング。光が回り込まない部分に思い切って影を吹いていく。
2. サーフェイサーの下地部分と先ほど吹いた濃いグレーの間に、その中間の濃さでグレーを吹く。ていねいに！
3. 明るいグレーまたは白色をいちばん光が当たると思われる部分に吹く。照明の下に置いて確認しながら塗るとよい。
4.5. 今度は細筆で明るいグレーまたは白色を、車両のエッジ、リベット、ボルトなどのディテールに塗ってハイライトをつける。
6. クリアーコートで表面をしっかり保護したら、エナメル塗料の黒でウオッシュを施す。次のステップの効果を高めるために、この段階でしっかりメリハリをつけておくこと。
7. ツヤあり黒のアクリル塗料で、泥の跡、埃の染みなどのプレウェザリングを筆でていねいに施す。完成形の塗装のイメージにいろいろ思いを巡らせる最初のチャンス。どんなウェザリングにするのかを細かい点までイメージすること。
8. さらにいろいろな濃さのグレーと黒、白を使って、引っかき傷やチッピング、埃や錆の流れた痕跡を描く。ここが腕の見せどころだ！　思い切ってやってよい。次に車体色を塗る段階でいくらでも修正できる。これでブラック＆ホワイト塗装の基本が終了。プレウェザリングもしっかり施してある。これが次の車体色を塗るときの道標になるのだ。

72

IRAQI TANK T-55 "ENIGMA"
TAMIYA 1/35
Injection-Plastic kit
Modeled and described by
Jose Luis Lopez

⑩塗料20%・うすめ液80%に薄めた車体色を、のっぺりしないようランダムに吹く。車体色のバリエーションを何色か作って、モジュレーションを施してもおもしろいが、厚塗りになって白黒の下地を隠してしまっては元も子もないので注意！ 反対に、先ほどのステップで気に入らなかった白黒の下地表現はこの段階で隠せばよい。車体色を透して下地のメリハリがきれいに浮き出ている。
⑪白黒の下地作りのときと同様に、アクリル塗料と細筆を使って車体の突起物などディテールにハイライトをつける。
⑫さらに、アクリル塗料を使って表面の引っかき傷やチッピングを施す。
⑬チッピングは根気のいる作業だ！ 自分の感性が大事。戦車の乗員になったつもりで、剥がれや擦れが起こる場所、戦闘で破損する部分、メンテナンスの痕跡などを、イマジネーションを総動員して再現しよう。
⑭⑮ここで好みの色のエナメル塗料や油彩絵具、ウェザリング専用塗料を使ってウォッシュを施す。生の黒色は使うべからず！ 色味を変えたウォッシングを何種類か施すことで、ぐんと深みが増す。
⑮燃料のこぼれた染みや雨だれの跡など微妙なウェザリングは、よく薄めたアクリル塗料を細筆で下地の車体色が透けて見えるよう意識して慎重に施す。また微妙に重ねて塗ることがリアルに見せるコツだ。
⑯⑰車載機銃や工具、キャンバスシート、履帯などのパーツをそれぞれの色でていねいに塗り分ける。これでキットに命が吹き込まれた！

◀最後に埃汚れや油染みなどのウェザリングを施す。私はおもに油絵の具を使っている。ローアンバーとネイブルイエローの混色は埃汚れにぴったりで、アスファルトとセピアは油染みなど湿った表現に。青、黄、シェンナ、グレー系は退色表現に、オレンジ、赤、黄はさまざまな錆色表現に使っている。

T-55 "ENIGMA"
IRAQI TANK

IRAQI TANK T-55 "ENIGMA"
TAMIYA 1/35
Injection-Plastic kit
Modeled and described by
Jose Luis Lopez

ブラック&ホワイト技法で塗装する迷彩塗装

ドイツ IV号駆逐戦車/70（V）ラング
タミヤ　1/35　インジェクションプラスチックキット
製作・文／**ホセ・ルイス・ロペス**

スペインのモデラー、ホセ・ルイス・ロペス氏が考案したB&W（ブラック・アンド・ホワイト）塗装法。新しい車両の塗装法として多くのモデラーに受け入れられました。でもこの塗装法、じつは単色塗装のみでなく迷彩塗装やベースの塗装でもとっても有効な塗装法だったのです。そこでここではB&W塗装で仕上げた迷彩塗装の車両とヴィネットをご覧いただきます。

陰影をコントロールしたベースの塗装

Aベースはファン・ルイス・マコーン氏がオーナーを務めるマックワンモデル社製の舗装路と消火栓、石畳歩道セットを使用し、車両が隠れている壁は彼がこの作品用に製作してくれたものを使っています。1瓦礫などはセラミックのレンガ、砂と崩した石膏などを使っています。2ベースの塗装もB&W塗装法を使ってます。この画像のようにシェードを吹いておくとあとでエアブラシするさまざまな色におもしろいエフェクトが簡単にかけられます。3細筆でこまかな箇所を塗り分けていきます。瓦礫や石なども影の具合の様子をみながら塗装していきます。4草木をボンドでベースに接着します。砂や小枝などの自然のものを模型用のマテリアルと交ぜてベースに配置することによりリアルな地面ができあがります。

下地作りとB&W塗装

1. 塗装前には必ずお湯と洗剤で洗い、埃や自分の指からついた脂分を落としましょう。これを怠ると塗料が付着されにくい（はじく）箇所がでてきます。プライマー塗装も必ず行ないましょう。ベースカラーになるほかに、傷やおかしな箇所があらわになり最後の手直しが可能になります。 2.いちばん暗くなる隅や下部にダークグレーで影を吹き付けていきます。 3.ミディアムグレーを最暗部とプライマーグレーの中間部に軽めに吹き付けます。 4.ライトグレーとピュアホワイトを車両上面や突起した部分にエアブラシで吹き付けていきます。最終目的は暗さの違うグレー、ホワイトとブラックを使い人工的に垂直方向から光があたっているかのようにハイライトをつけることです。

B&Wの迷彩塗装

5. 今作のような迷彩が施された車両に通常のB&W塗装法をもちいるのは懸命ではありません。なぜなら異なる色がボケ足のない迷彩の塗り分け部分を台無しにしてしまうからです。私が今回用いた方法は1色ごとにマスキングをしてからB&W塗装を再度行なう方法です。塗装はうすめ液と塗料の割合が8:2以上のかなり薄めた塗料を使うことをおすすめします。今回はアモ・バイ・ミグヒメネスのRAL 7028、8012と611をタミヤ製のラッカー系うすめ液で薄めて迷彩色として使用しました。 6.乾燥後にレッドブラウンの箇所をマスキングします。 7.2色目の迷彩色を塗る箇所に再度B&W塗装を施します。この画像ではいち番暗いグレーを吹きつけた所です。 8.2色目ダークイエローをB&W塗装を施した箇所にエアブラシします。 9.ダークイエロー部分をマスキングします。この工程を行なう前にベースカラーをクリアで保護する事をおすすめします。 10.最後の迷彩色、ダークグリーンを車両全体に吹付けて乾燥後にマスキングテープを剥がします。B&W塗装の効果が迷彩色とベースカラーのしたに見えるはずです。 11.アモ・バイ・ミグヒメネスの後期ドイツ車両カラーセットと筆を使い突起した部分にハイライトを描き入れていきます。 12.車体後部デッキにディテールが集中しているこの箇所には特別注意を払いました。 13.転輪や車体下部があることも忘れないようにしましょう。

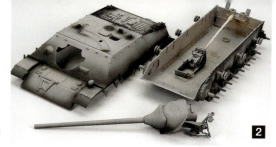

※アモ・バイ・ミグヒメネスはアモ・オブ・ミグヒメネスが改称されたブランド名です。

ウェザリングして仕上げる

🔟使ったアモ・バイ・ミグヒメネスの色にRAL7028を足して明るめの基本色を作り擦れた傷やチッピングを描き込んでいきます。チッピングの描き込む時はその傷ができたときの状況を考えて行ないましょう。擦れてできた傷や何かに強く撃たれた後など様々な形状の傷ができるはずです。 🔟アモ・バイ・ミグヒメネスのA.Mig-044を使い暗めのチッピングを入れていきます。この塗料は流動性とテクスチャーがチッピングを描き込むのにとても向いており他社の水性アクリル塗料のように水を足さなくても使いやすく調合されています。この画像で見れるようにOVMなどを塗り分けました。完成品のクオリティーに大きく関わる箇所なので、ていねいに塗り分けましょう。 🔟タミヤ製のクリアーで全体を保護し、アモ・バイ・ミグヒメネスのA.Mig-1008を使い基本ウォシングを施します。このブラックに近い色のウォッシュは今回の車両の基本色であるグリーンにとてもマッチします。 🔟油彩は縦方向のリアルな色褪せを表現するには最高のマテリアルです。この画像でも見られるように明るい色（ホワイト、ネープルイエロー、バフ、ライトグリーン、オレンジ）は車体の上の方に、暗い色（ローアンバー、ブラック、ダークレッド、セピア）は下部にドティングを集中させます。 🔟縦方向のエフェクトがよく分かる画像。 🔟車体天部に暗い色（ローアンバーとシェンナ）を使い、明るいハイライトとのコントラストに深みをつけます。 🔟車体後部の工具類が固定されている箇所もさまざまな色を使って塗られていますが、油彩を使いフィルタリングをかけて車両の統一感を出します。 🔟足周りのウェザリングは薄く吹いたアモ・バイ・ミグヒメネスのウォッシャブルダストのコートから始めます。前はタミヤのエナメル塗料で同じ工程を施していましたが、この製品のおかげでアクリル塗料でも同じエフェクトが得られます。また、ひと程ごとにクリアー塗装で塗膜を保護しなくても済むようになりました。 🔟水で湿らせた平筆で塗料を拭きとっていきます。このウォシャブル系の塗料はあまり長く乾燥（5分以上）させてしまうと取れにくくなってしまいます。数日間たっても作業ができるエナメル塗料に対して唯一不利な部分です。🔟埃がアクリル塗料で施されているので油彩に影響されることなく効率よく作業を進められます。 🔟垂直方向に描き込む雨垂れや水がたまる箇所、泥跳ねなどはうすめたアクリル系塗料を塗りかさねて表現します。コントロールはむずかしくなりますが、私がアクリル系塗料を使う理由はエナメル系塗料よりもシャープな、ボケ足が少ない表現が可能だからです。 🔟ピグメントは埃などが溜まりやすい隠れた箇所に限定して使います。この技法は少しずつ様子をみながら行なわないとすべてを隠してしますので気を付けましょう。ピグメントの固定はタミヤのアクリルうすめ液X-20を使いました。 🔟排気口に施した錆なども埃と同じく数種類の色味の違うシェンナ系のピグメントで表現しました。 🔟アモ・バイ・ミグヒメネス製のライトラストとフレッシュエンジンオイルウォッシュを同社のうすめ液でうすめて再現します。余計な部分はうすめ液を含ませた筆を使い拭き取ります。

●タミヤの『ドイツ IV号駆逐戦車/70（V）ラング』（シリーズNo.35340）はとてもすばらしいキットです。この車両のキットはたくさんのメーカーから発売されていますが、タミヤのキットは巧みな設計のおかげで組み立ても簡単ですし、各ディテールもとてもシャープです。私としては金属砲身と主砲装填部が別売りだったことが少し残念だったのですが、その分キットの価格が押さえられていると考えると、よい選択だとも思いました。製作はボッシュライトのコードと戦闘室周りのハンドルを作り直し、履帯をフリウル製に交換、牽引ワイヤーをカラヤ製に交換した以外は基本的に説明書に従い組み立てています。　　　（文／ホセ・ルイス・ロペス）

ドイツ IV号駆逐戦車/70（V）ラング
タミヤ　1/35　インジェクションプラスチックキット
税別3800円
㈱タミヤ　☎054-283-0003
製作・文／**ホセ・ルイス・ロペス**

色調操作で基本塗装に深みを出す

色調を操作することで車両の印象は大きく変えることができます。ここではカラーモジュレーションとクリアー塗料を駆使して「深み」と「存在感」のある車両に仕上げる工程をご紹介します。

T-34-100タイプA
ドラゴン改造　1/35
製作・文／高石 誠

基本塗装にモジュレーションを施す

1 キットの紹介。部品は砲塔位置の関係と金属挽き物の砲身と特徴的なマズルブレーキ、機関室上部から構成され、ドラゴン社のT-34-85キットを使う仕様になっている。**2** 基本カラーの選定。中央のMr.カラー、ロシアングリーン（2）をベース色とし、左右の明色、暗色を用意する。**3** 車体に明色と暗色を施した姿。やや車体前方の上空から注ぐ自然光を意識して水平面に明色を、垂直面に暗色を置く。側面より前面装甲部が一段明るくなっているのに注目。**4** 砲塔に施した姿。キューポラは多少掘り下げてフィギュアを設置できるようにした。ハッチはヒンジに真ちゅう棒を通し可動にして開けられるようにした。フィギュアを乗せて開けた状態を前提に可動側を暗色で塗ったため、手前固定部の明色との色調差が参考として分かりやすいだろう。

色調の変化の幅と深みを加える

前項で基本形状の強調はできたがCG画像のような自然なリアル感がない。そこでMr.カラーのクリアー色を吹き付けにて色調変化を図る。そのため前項の状態は明るい色調に仕上げておいた。5 6 7まず黄とオレンジのクリアー色を施し、その色調を中和させるよう青と緑を施す。最後に暗部を中心に色調を引き締めるため赤を施す。微妙な色調変化過程を見ていただきたい。こうして純色系クリアー色を塗り重ねると、色調変化に黒や白を混ぜて不透明な濁色を使う「黒立ち上げ法」とは違い、「深み」のある様子が再現できる。これは西洋絵画が生み出した重要技法の応用でもあり、暗部に向かい黒色を混ぜるいわゆるユーロ塗り系とも異なる方法論である。陰影描写に黒を混ぜるグラデーション形成法では横方向だけでなく垂直方向の色調変化も生み出せて奥行き感を形成できる。そのため明部とともに暗部でより深みのある表情を描き出せるのだ。余談だが一般的なユーロ塗りは、この暗部での透明色の塗り重ねの無い場合が多く、伝統的油絵よりむしろイラスト的に抽象化された表現に近いとも言えるだろう。もちろんそうだから劣ると言いたいのではなく、自然なリアルさを求める表現指向とは違う指向性があり、それを理解すればモデラー各自が選択した表現スタイルを高めるのに有効だろうと述べたいのである。

ウェザリングを施す

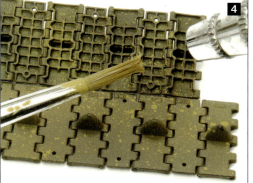

❶汚しはアクリルガッシュを水と模型用アクリルうすめ液で溶き、3段階の色合いを用意して使う。ここでは、わかりやすく履帯を中心にした工程を紹介する。
❷まずベースにはグレー系色をMr.カラーで吹く。この段階でツヤ消しにしておくと、土色ガッシュカラーの定着性がよくなり、最後の工程でガッシュ色を落とした際に生じる「きわ」の表情もよいかすれ具合になる。また、グレーの色調にはガッシュの土色をはがした際に見えてくることを想定し、使い込まれた鉄製っぽく見える色になることを考慮して、茶系色も混ぜておく。
❸まずいちばん暗い❶の左の色を薄く溶いて吹きつけた様子。下地のグレーがうっすらと透けている。これに次は❻の右の色を、また薄くランダムに吹いて表情を重ねる。
❹今度は❶の中央の色を筆に含ませエアーで吹き、飛沫で調子をつける。
❺3種の色を施したら、また最初の暗い色にもどり薄く溶いた筆で飛沫でできたコントラストの強さを微調節しながら、ムラになるよう調子を加える。このようにして3種の色を交互に循環使用しながら表情を重ねて行き、微妙な変化のニュアンスを作る。ちなみにガッシュを使うメリットは、パステル粉では使用できないエアブラシを使えることで作業が楽になり、また定着性も若干強いので、パステルで色を重ねる作業中では下色が動いてしまうことで生じる扱いにくさも軽減できる。ただデメリットはパステル粉のように立体的な表情は作れないので、土汚れの設定のハードさによって使い分けたり、両者の特性を活かして混合使用するのもよいだろう。

❻履帯汚しが整う過程で、その表情の出来具合に合わせて転輪の汚しも進めておき、履帯と転輪の汚れに違和感が出ないよう配慮する。また、履帯が転輪のゴムタイヤに踏まれる部分は、実車のT-34系でも状況によっては汚れがこすり取られた姿になっていることもあるので、綿棒に水を含ませて軽くすりながら下地のグレー色が出てくるようにしている。また、写真ではわかりにくいが、接地側の凸部や転輪側の履帯ガイドの凸部などへ鉛筆をこすりつけて、鈍い金属が出るようにしている。鉛筆色はエナメル系などのシルバー色よりも重くて密度のある光沢が、照明の当たり方によってはきらりとワンポイント的に出てくるので、スケール的なリアル感の形成にもよいと感じており、最近は銀のドライブラシを履帯には行なわなくなっている。また、履帯接地側の中央部へは最終的に微妙な薄いツヤ消し黒を吹いており、接地面の表情に手軽な変化の追加と、間延びしないための引き締め感を付加した。これはとくにハードな汚しの表情を作らない今回のような場合に効果的だろう。

❼履帯と転輪の表情ができたら、その流れを意識しながら車体の下部から汚しをはじめる。やはりガッシュを薄く溶いてエアブラシで色を重ね、さらに飛沫を飛ばしたり筆で薄塗りしたりで調子を重ね、表情を形成する。ガッシュはパステルより定着性は強いが、水やうすめ液で薄めたものを重ねると、一旦定着した塗面でも水を含ませた筆などで溶かしながら落とすことが可能で、足し算と同時に引き算もできる。

❽車体ではガッシュだけでなく、エナメル塗料も使って光沢のある濡れ色のような、またはオイル汚れのような、あいまいともいえる汚れもつける。写真はそのエナメル塗料を筆に含ませ指ではじき飛沫を付けているとこ。具体的なオイル汚れなども場所よっては描き込む。

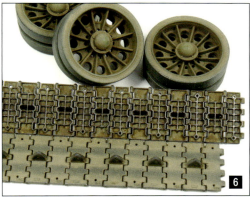

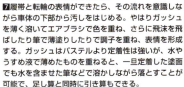

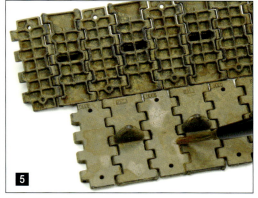

■砲身や砲塔部から小物のライトなどの3次曲面へ光が当たり、しっとりとした光沢感が出ているのに注目してほしい。微妙な光沢は、塗装傷や錆の描きこみ以外でも鋼鉄が持つ硬質な存在感の表現へ有効だろう。また、フェンダー上には土埃や微細な木切れ等がコーナーに吹き溜まった様子も表現した。このような各種要素を上手く調和できれば、ある意味で実物以上にリアルな存在感も作品化できるとさえいえるだろう。

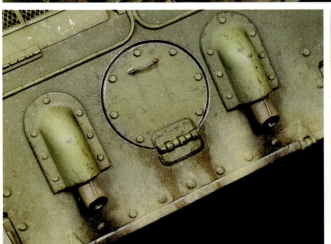

T-34-100

■ 今回初めてロシア戦車を仕上げたが、独軍戦車とはまた違う魔性の魅力とも言える何かを感じることができた。国内へ攻め込んで来たロシア戦車と遭遇した当時のドイツ国民は、その姿に地獄から来た死神を重ね見たかもしれない。戦争とは悲惨で忌むべきなのは当然だが、そこにはなぜか心をひかれる究極の人間ドラマがあるのも事実だろう。

T-34-100 TypeA (Conversion set)
Brave model 1/35
Resin cast kit
Modeled and described by
Makoto TAKAISHI

履帯仕上げの3パターンと それぞれの工程を解説する

戦車の象徴的な部分でもある履帯の仕上げ方はいくつかありますが、目指す方向によって選択肢はさまざま。まずはここから自分が目指す仕上がりを選んでみてもいいでしょう。

製作・文／高石 誠

簡単仕上げパターン

●水性アクリル塗料とエタノールでエイジングと汚しを仕上げる簡単な方法を紹介します。サンプルには連結可動式モデルカステンのティーガーII履帯を使います。サンプル用に20リンクつなげたものを複数用意し、それにMr.カラーのタイヤブラックとレッドブラウンを混ぜた茶系のグレー色を基本塗装します。

1 グレー下地の上に水性タミヤカラーのレッドブラウン（以下RB）とデザートイエロー（以下DY）を混ぜて明るい茶色を用意し、アクリルうすめ液で充分に薄めます。写真はそれを紙に吹いたところで、ごく薄い色なのがわかります。

2 左がグレー下地の状態、中央が1で作った薄い茶色を吹いた状態、右がさらにDY単色を薄めて吹いた状態で、グレー下地色からの変化がわかるでしょう。

3 サンプル履帯を横向きに置き、塗料を吹く際の要領を解説するための参考図です。まず用意した薄い茶色を吹く際は、ベタッと均一に吹くのではなく、わざとムラになるよう吹きます。薄めているので吹いては乾かしを4、5回繰り返します。塗るというより染めるという感じです。茶色層ができたら、次にDYを同じように薄めて吹きますが、下側のように今度はブラシ先端を近づけ、ブシュッと出すぎて失敗したようにし、わざと強い吹きムラが出るようにしながら乾燥させを、やはり4、5回繰り返しておきます。

4 5 次に薬局で入手できる無水エタノールを使って塗膜表面を荒らします。エタノールはアルコール類で消毒用にも使われますが、水性アクリル塗料を溶解する点と気化しやすい性質を利用し、湿度が高いときにラッカー系塗装でおきるような「かぶり」現象をわざと起こして表情を作ります。画像4はエタノール溶液を3の下図のようにかなり近づけて勢いよく多量に吹いているところで、この直後に今度はエアブラシからエアーだけを吹きつけ、エタノールを急激に揮発させます。それをランダムに繰り返すと5のように左サンプルが右サンプルの状態に変わります。下層の茶色と上層のDY色が溶け合いながら、にじみやシミ跡のように浮き上がってきたりと、複雑で変化に富んだ表情が生まれます。これはエタノールが急激に気化する際、塗膜面が冷えて空気中の水分が結露して付着し塗膜自体が荒らされることで起きる現象ですが、激しく白くかぶらないのは水性アクリル塗料の性質がラッカー系とは違い、水分と親和性があるからでしょう。

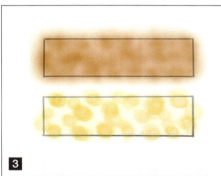
3

2

1

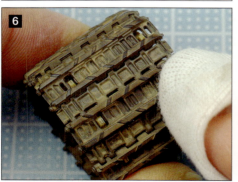
6

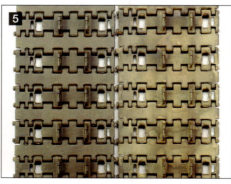
5

4

84

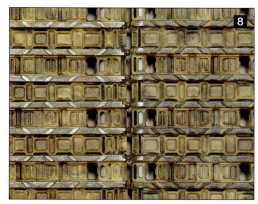

⑥同じ塗装を履帯接地側にも施し、次に銀光りの下準備として、光らせる箇所のアクリル塗料の塗膜をざっと落とします。写真は布にアクリルうすめ液を含ませ、指先に巻いて凸部をこすり下地グレーがかすかに出るよう処理しているところです。⑦銀塗りはエナメル系塗料と鉛筆を使います。エナメル塗料の銀とステッドラー鉛筆の2Bと4Bを用意し、エナメル塗料の銀は牛乳紙パックの裏などを使って布で取り、よく伸ばして余分な塗料は紙に擦り付けるなりして調節しながらドライブラシします。⑧⑨⑩この3枚の写真はエナメル塗料の銀と鉛筆の特性の違いと、それを活かす方法を解説するものです。まず⑧の左はエナメル塗料の銀をドライブラシした状態で、右は鉛筆を擦りつけた状態ですが、鉛筆の方はグレー色に見えます。⑨同じ2例の撮影角度を変え、照明ライトの当たり具合いも変え、右の鉛筆塗りにも光りが反射するように撮影した状態です。⑧で光っていなかった右も銀光りしているのがわかります。このように鉛筆は光りの当たる角度によって変わる不確実さがあります。ただしエナメル塗料の銀とは違った奥深い重量感のある表情を作ってくれる効果もあります。そこで⑩は右の鉛筆塗りの上からエナメル塗料の銀を施した様子です。画像からはなかなか表情が伝わりにくいかもしれませんが、塗料の銀を塗っただけの左とは違い、右は銀の乗りがよくなり、かすれ部分から鉛筆塗りが顔を出すことの効果も加わって、より表情に「深み」が加わっている様子がわかるでしょうか。このように鉛筆と塗料の銀を併用するとより説得力のある銀光りができます。そして銀塗りが終わったら、最後にアクリル塗料のつや消し黒をうすめ液で薄く溶き、履帯中央に薄黒い帯を入れて全体表情が間延びしないよう演出して完成です。黒帯は輪郭がはっきりしすぎたり、幅が細すぎると不自然ですが、逆に太すぎるとせっかく作ったエイジングと汚しの表情が隠れて意味がなくなるので、およそ履帯幅の3分の1から2分の1ぐらいの範囲で施します。

パステル粉使用パターン

●次はアクリル塗料のみでは得られない、パステル粉を使った、立体感の出る汚し方を紹介します。流れとしては前項のアクリル塗料をエタノールで荒らす方法を施したうえで、さらに土が詰まる履帯の接地側へパステル粉を乗せて表情を付加します。今回は従来のパステル汚し法での問題点だった、完成後に粉がボロボロと落ちてくることがなくなるように定着させる方法も紹介します。

⑪画材店で入手できるパステルチョーク（私はレンブラントを使っています）を、市販のフードミルで粉砕して粉にします。写真内の手前の明るい土色はモデルカステンのミリタリー・ピグメント「超級プラスターライク」で、このような模型用市販品も使えます。今回は後で定着させますので、もしパステルを入手できる画材店が近所になければ、模型店で購入できる市販のピグメント材を使っても、問題はないでしょう。

⑫用意した3色程度のパステル粉を履帯接地側においていきますが、その際の要領を説明する写真で、粉の状態がわかりやすいようグレー色の上に粉を置いています。左は従来方法を行なった際に起きがちな悪い例ですが、粉をあらかじめ水性アクリルうすめ液で溶き、それを筆でベタベタと塗りこめていった場合に、ベタッと均一で変化に乏しい姿ができてしまう例です。汚れてはいますが、これだとせっかく下地としてエタノール荒らしで変化をつけた表情が潰れて隠れてしまいます。そこで右のようにアクリルうすめ液は使わずに、粉を下地が部分的に残るぐらいの分量にしながら乗せます。右は明るい土色の一色だけを乗せてみた状態で、この後に残り2色をランダムに乗せる流れになります。

⑬本番で粉を乗せている様子です。アクリルうすめ液は使わずに粉をそのまま筆先にとって乗せていきます。ポイントは、粉をあとで定着させる際に、ぼそぼそ、がさがさした立体感の表情が残るように意識して、ふわっと軽く乗せることでしょう。筆で叩くように乗せてしまうと、あとで塗料を塗ったように平板で立体感が出ない表情になります。

⑭粉乗せしたら定着させます。定着には水性アクリル絵具用のマットメディムを水と水性アクリルうすめ液で割った溶剤を使います。マットメディウムが入手しづらければ木工用ボンドでも代用できますが、木工用ボンドは使用している樹脂材が安価な酢酸ビニル樹脂で、経年変化への耐久性はアクリル樹脂を使用した画材よりも劣ります。ジオラマ用に樹木を作った場合など、葉っぱになる材料を木工用ボンドを薄めたりして枝に接着すると、数年経ってぼろぼろとはずれてくることがあるのはそのためです。

14 マットメメディウム1、水1、うすめ液を2、の割合で混ぜて溶剤を作ります。スポイトで吸って粉の上から流し込みますが、スポイトには瞬間接着剤用の先が細くなるノズルを差し込んで使います。連結可動部分に溶剤が入り込まないよう注意しますが、もし入り込んで固まっても、後でアクリルうすめ液をつけた細筆で溶かして可動修復できます。

15 溶剤をそっと粉の上に乗せて浸透させ終えたら今度は余分な溶剤を、ちり紙を細く割いてまるめ、その先で吸い取って除去します。これをやらないと粉の立体感は出ますが、後で乾燥した感じが上手く出ません。また乾燥後に溶剤成分が部分的に白化してムラになって残る場合があるので、その箇所は改めてアクリル絵具やパステル粉でタッチアップし、最後に黒帯を中央に入れて完成です。

クズ素材の併用パターン

●パステル粉を使ったパターンの応用編として、粉に加えて木クズや枯葉などに見立てた素材を自作し、それを履帯の接地側につけることで、さらに説得力を増すことが可能になります。履帯にいろいろなモノが詰まった姿は、戦車が持つ重量感を表現するのにとても有効なので、接地側の表情にこだわってみたい場合はお勧めします。

17 クズ材料3種と粉1種を用意します。写真中の下方の右がパステル粉で、左の緑色の材料はダイオラマの樹木用に発売されている植物材をフードミル粉砕したもので、上方の2種は茶葉とダイオラマ用の枝材をブレンド粉砕したものです。右はこげ茶色系のパステルも加えて粉砕したので色味が少々違います。

18 この4種を乗せていきますが、パステル粉を除く3種をあらかじめひとつの小皿のなかで混合しておくと、いちいち各材料をランダムに乗せようとする手間が省けます。パステル粉を別にするのは、一緒に混ぜるとパステルの色身がほかのクズ材料に移ってしまい、色味の違いが見せる複雑な表情が減少するのを防ぐ意味があります。そしてクズ材の定着には、前項で行なったマットメディウム使用の溶剤を使い、同様な手法で接着固定するので完成後にぼろぼろと落ちてくることはありません。クズ材の固定ができたら凸部の銀塗りと黒帯を入れて接地側が完成です。凸部に残っているマットメディウム成分があれば、銀塗りをする前にアクリルうすめ液を筆で塗って溶かし除去します。

19 20 前項では取り上げていなかった、転輪と接する側の履帯仕上げとして銀塗りの過程を紹介します。5の写真の右の状態ができたら、19のように転輪とすれる履帯ガイドに鉛筆を塗ります。そして接地側で行なった7の写真と同じ意味で、転輪が接触する箇所の下地グレーがざっと出てくるように、綿棒にアクリルうすめ液を染ませてアクリル塗料をすり取ります。

21 すり出した跡に鉛筆をヤスリで削って粉末にしたものを用意し、綿棒で取って擦りつけます。この際の綿棒は塗装をすり落としたときのものより細めを使います。綿棒は模型用品としてタミヤなどのメーカーから先端形状や太さの違う複数種が出ていますので、適宜使いわけましょう。

22 鉛筆塗りができたら仕上げとしてエナメル塗料の銀をドライブラシします。今度は転輪の厚みと同じぐらいになる太さの綿棒を使い、ガイドの側面と一緒に銀色を乗せて完成させます。簡易に済ませるなら鉛筆は省略してもよいでしょう。

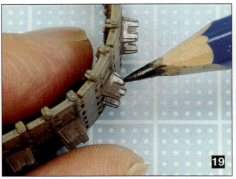

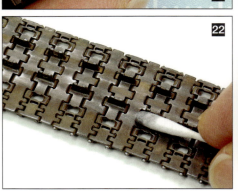

高石テクニックに学ぶカラーモジュレーションとウェザリング

同じ技法でもモデラーそれぞれで仕上がりが異なるのは、そのモデラーの趣味嗜好やその技法の解釈の違いによるものでもある。もちろん、どちらが正しいということはないが、モデラーがそのテクニックをどう処理するかを見ることで、技法をいかに自分のものにするかを知るヒントにもなる。ここではカラーモジュレーションとウェザリングテクニックを高石氏なりの解釈で解説。基本色の研究から始める氏のこだわりにも注目してほしい。

アメリカ中戦車
M4A3E8 シャーマン "イージーエイト"
アスカモデル 1/35
インジェクションプラスチックキット

塗装に使うOD基本色を検討する

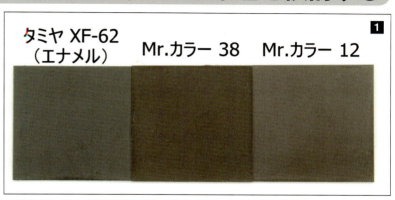

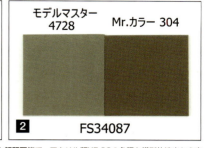

1 タスカ（現アスカモデル）のイージーエイトへカラーモジュレーションを施したいと思ったが、その絵作りをはじめる前に漠然としたイメージだった米軍オリーブドラブ（以下OD）基本色を改めて検討し、色調解釈の原点となるイメージを確立しておきたいと考えた。まず最初にキット塗装説明書で近似色と記載されたタミヤカラー（以下タミヤ）XF-62番とMr.カラー38番「OD（2）WWII米戦車他」と、参考としてMr.カラー12番「OD（1）米陸・空軍機他」を購入し、カラーチップ化して比較してみたところ、XF-62とMr.38や12ではまったく色調傾向の違うことがわかった。**3** 両社塗料色の差の大きさに困惑したので、オリジナルOD色とはどんな色だったかの参考となるだろう、資料書籍類をいろいろあたってみた。写真はそのなかの一冊で米軍迷彩色が特集されたグランドパワー誌で、その他にも国内AFV模型雑誌関連で米軍車両マニアがOD色について述べている記事をリサーチしてみたところ、FSカラー（Federal Standard/連邦基準）なる色彩規格の存在がわかった。そしてこのFSカラーのなかの「34087番」が第二次大戦中の米陸軍車両に使われていた色だということであり、米軍マニアのあいだではそれが常識的なことになっているらしい様子がわかってきた。ちなみに頭の「3」はつや消しの意味であり、「1」が光沢で「2」は「半光沢」となるので、大戦当時に米陸軍が使用してきたOD色34087番は正式な仕様として「つや消し色」になるということもわかった。

2 OD色がFS34087番なのがわかり、対応している模型塗料があるかと調べるとモデルマスターの4728番とMr.カラー304番がFS34087番色とされていたので入手し、チップ化して比較したが両社の色調に大きな開きがあり再度困惑した。そこでオリジナルのFS34087の色調は？　と調べたところ、なんと現在のFS規格に34087番は存在しないことがわかり行き詰まっていた。そこで思いついたのが、タスカのキットのOD成型色はどうやって設定したのか？　開発担当者によれば研究家でありモデラーとしても巧みな腕前から我々の目を楽しませてくれるザロガ氏の研究著述があり、現状ではもっとも参考になるだろうとのことだった。そこでザロガ氏の著述を確認すると、OD色は第一次大戦後の時期に制定され、第二次大戦期間を通して基本的に色調変更はされておらず、1950年代にFS規格が発足した際に「34087番」となったが、1960年代に「FS-595A」規格がはじまったとき、じつは明るい茶系色へ変更されているとのことだった。さらに1980年代に34087番は廃止されたが、1990年代になって「FS-595B」規格で復活し、番号が「34088番」へ置き換えられた経緯があると述べられているのがわかった。そこで現行の「FS-595B」規格を調べると、なるほどOD色とみられる色が34088番で存在するのがわかり、ザロガ氏説の信憑性は高いと受け止めることが出来たのだった。**3** つまり氏の説では米軍マニアのあいだで長らく一般的に広がっているFS34087番の色は戦後に改定されたものであり、第二次大戦当時の色だとするのは間違った解釈で、氏の見立てによれば種々資料よりタミヤXF-62番こそ最も大戦中のOD色に近いとのことなのだ。ただし原文では「タミヤアクリルの」という記述があったので、念のためにチップ化し、さらにタスカのキット成型色とも比較してみたのが**3**である。アクリル版はエナメル版より濃い色調であるのがわかるだろう。ちなみにザロガ氏自身もモデラー視点から模型に塗装する際はXF-62をそのまま塗るのではなく、スケールエフェクトなどを考慮し、明るくしながらダークイエローを加える方向に振るのがよいだろうとも述べており、その考えに同期して作られたのがタスカの成型色と解釈可能で、アクリル版XF-62の色調を模型的演出から変調したことで成型色との差が起きていると理解できた。そこでMr.121番をチップ化して比較したのが**4**である。

※ここで使用しているタスカ（現アスカモデル）のキットパーツは連載当時のものです。そのため**3 4**にはタスカと表記しています。

カラーモジュレーションを施す

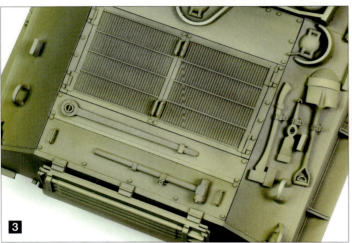

1アスカモデルのシャーマンへカラーモジュレーションを施した姿。2 3今回は事前に用意した習作のドラゴン旧版へ行なったモジュレーションの2の例とは微妙に異なり、3のように仕上げてみた。2では車外装備品などがいちばん明るい色で塗られ、ほとんどアイボリー色近くになっているが、そうすると存在の強調や見た目の派手さは演出できるがリアル感は減退しておもちゃっぽくなってしまう。そこで3のアスカモデルの本番では、機関室グリル後方に配置された工具を中心に、あえて暗色気味となるように塗ってやり、存在感の強調演出はしながらも全体バランスから導き出されるリアル感は損なわないように配慮した。最終的にリアル指向を前提としたモジュレーションを行なう場合は、単純に明色方向へ色調を上げて行くだけでなく、このように暗色方向へ振る演出配慮もまた必要だろう。4さらに各クリアー色を任意に薄く溶いて吹きつけ、色合いの変化と深みを、色調ムラ（色変化の多様性演出）もあえて意識しながら施す。5クリアー色を吹き終わり、その後から国籍マークなどのキットデカールを貼った状態。このままだとデカールの白色が周囲から浮き飛んでしまい、そこだけが白抜きされたような姿になっているので不自然に感じる。

6そこで、デカールをまずは定着させるためにクリア吹きしておき、乾燥してから車体へ施したのと同様なモジュレーション変化をファレホカラーのグレー色で行なう。最初は筆塗りで処理しようとしたが、どうも綺麗なグラデーションが出ないので、面倒だが紙テープの細切りとブル・タックでマスキングしてから吹きつけでトーン変化をつける。あえて水性ファレホで塗装するのは、次に出てくるように、後からはみ出した色の修正がしやすいからである。7こまかい文字やマーキングは、マスキングするより筆塗りで処理したほうが速くてやりやすいし、面積が小さいので塗りムラも目立たないと判断した。ただやはり筆塗りではマーキングのアウトラインから色がにじみ出すこともある。その場合、先を尖らせたつまよう枝に水や水性アクリルうすめ液をちょっと含ませて軽くこすり、はみ出した塗料をそぎとることが容易に可能である。これはラッカー系の塗膜の上に乗った水性系塗膜の定着力の弱さを利用した描法であり、一発で綺麗に塗り切る神業的な手先の器用さがなくとも良い点がメリットだろう。この後で取り上げるチッピング描写にも利用している方法なので、一度試してみることをオススメしたい。

細部を強調する

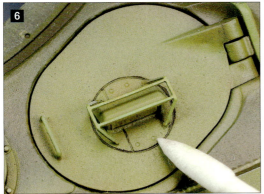
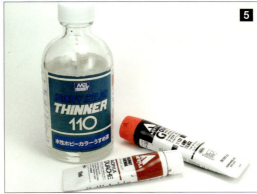
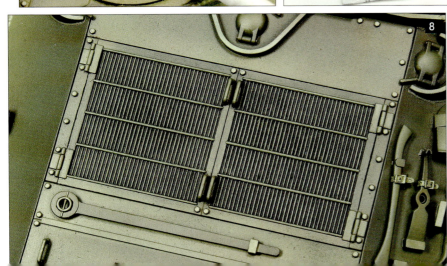

大きなモジュレーション作業がひと段落したら、今度は細部の強調として、簡単なモジュレーションともいえる作業を行なう。**1**水性ファレホカラーを使って筆塗りするが、ファレホは水分が飛んで固まるのが早い。専用の乾燥遅延剤もあるが、筆でちまちまと混ぜるには適正な添加量の加減がしづらく、また混ぜると不透明さが減退し、透明色的な性格になるので下色の隠蔽力も落ちてしまう。そこでMr.カラーのうすめ液を使い、固まってきたファレホをうすめ液で再溶解させながら塗ってみることにした。すると水で溶いて塗るよりは下の層にあるMr.カラーの塗膜をわずかに溶かしながら定着気味になることもあるが、基本的にははみ出した余計な色をつまよう枝の先でそぎ取ることが可能で、好都合だった。**2**車体や砲塔に再現された生産工場の刻印部分や溶接跡などを強調するために上記のMr.カラーうすめ液で溶いたファレホを使って筆塗りして行く。**3**キューポラのビジョンブロック周囲にある枠部分なども一段明るい色を塗って強調する。**4**転輪のボルトの頭も同じように強調する。**5**おもに凸部へ明るい色を塗り終えたら、今度はスミ入れと同じ効果を施すが、エナメル系塗料だと部品接着部に入り込んで浸透したりと、プラ材を侵す可能性が生じたり、にじみ跡に油膜が残ったりする。さらにエナメル塗膜はあとでMr.カラーなどのラッカー系のクリアーコートをした際に、溶剤成分を吸い込んでエナメル塗膜が縮んでしまうこともおきやすい。そこでエナメルの墨入れに近い使い心地が得られながら使い勝手が良い代用品はないかと試してみたところ、水性アクリルガッシュをMr.水性ホビーカラーうすめ液で溶く組み合わせの相性が良く、エナメル的にうすめた墨色の伸びも良いのがわかった。ちなみにファレホを使うとゲル状に塗料の一部が固化してしまったりと、うすめ液との相性が悪かったので、組み合わせ方で良し悪しがあるようだ。**6**こまかい凹部モールドなどに、上記のスミ入れ色を回していく。場所によってはMr.カラーうすめ液は使わず、水のみで溶いて、細筆で描き込むようにした方がやりやすい場合もあるので、そのあたりは状況によって使い分ける。また、うすめ液よりも水で溶いた場合は、ガッシュは水性なので余計にはみ出した色を乾燥後に水で湿らせた綿棒を使ってキレイにふき取りやすいので、その点から使い分けるのも良いだろう。**7**機関室のグリルも、実物は内部に向けて抜けている構造なので、凹モールドに墨色を流し込むよう塗り込む。**8**塗りこみ終わった姿。前ページの**3**の写真と比べれば違いがわかるだろう。少々黒がきつい感じもするが、最終的に埃色を車体へ施す際に色あいの調整は可能なので、この段階はさほど気にする必要は無いだろう。

チッピングを施す

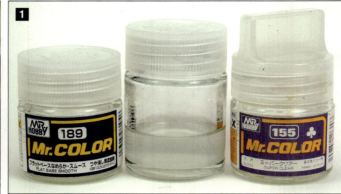

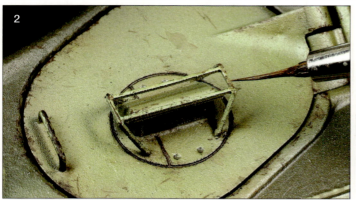

1 スミ入れが終わったら、チッピングに備えて一旦クリアーを吹く。つや消しの具合の調整も兼ねて、スーパークリアーとフラットベースなめらか・スムースを混ぜてコート剤を作るが、その際につや消し剤を加えすぎると白化現象を起こすので、少しずつ加えては、エアブラシで透明塩ビ板やプラ板などに吹いてつや消し具合を確認しながら調整しておく。2 3 コートが済んだら一日置いて乾燥させ、それからファレホのこげ茶色でチッピングを描きこんで行く。2 写真は操縦手ハッチまわりにチッピングをしているところ。塗装がはげ落ちたような明確な輪郭を持つ傷よりも、今回は傷なのか汚れなのかが微妙にわからないような姿をイメージしながら施してみた。P82で仕上げたT-34-100の場合は比較的に傷をはっきり描いたが、それはロシア戦車だから似合うと思ったのであり、シャーマン戦車に同じパターンは似合わないだろうと考えた。上手く

はいえないが米軍戦車は使い込まれてもロシア戦車ほど傷だらけにはならないイメージがある。それはやはりロシア製とアメリカ製という工業製品の持つ耐久性や品質や、使われ方のイメージの違いかもしれない。たとえば転輪がいくつも脱落してたり、フェンダーがすべて失われた状態で、まるで問題が一切無いかのように平気で使用されるT-34戦車を記録写真で見かけることはできても、同じようなシャーマンは見た記憶が無いといった印象がある。シャーマンはボロボロになる前に後方に下がって整備されてしまうが、T-34はジャンクになるまで前線で使いきられてしまうからかもしれない。しかしこれはあくまで印象論であって、事実とは限らないだろう。妙な理屈だが、リアルさとはあくまで印象論であって、じつは事実とは異なる側面も持ち合わせながら成立するのであり、そこが『リアル指向』のおもしろいところだとも考えている。

機銃やOVMなどの小物を仕上げる

●前回までの流れで車体へのカラーモジュレーションとチッピングを施し終えたので、機銃やOVMなどの小物を仕上げる。1 砲塔上のM2機銃や車体前方機銃、主砲同軸機銃はMr.カラーのつや消しブラックを吹きつけ塗装した上で、2B鉛筆をこすりつけて金属感を出す。ちなみに使っているのは鉛筆メーカー中でも有名なドイツのステッドラー社製で、同社の最高峰とされる「マルス ルモグラフ」。余談だが安い鉛筆との違いは、使われている芯材の粒子のこまかさと均一さにあり、描く対象へのノリの良さや定着性の高さと美しい光沢が得られる点だろう。同社製品には8Bから6Hまでの種類があるので、適宜使いわけてみるとよい。なおグラファイト鉛筆は基本的に全体が鉛筆の芯だけでできている製品ということなので、描画材として広い面積の対象へ大胆に使用するのが有効なものなのであり、小さな戦車模型に使うなら1本170円程度のマルス ルモグラフでも充分だろう。
2 鉛筆だけではハイライト部分の銀色感が足りないので、Mr.カラーのスーパーメタリックカラー、メッキシルバーの塗料をドライブラシの要領で部分的にこすりつける。
3 米軍の銃器は機銃だけでなく小銃や拳銃まで、いわゆるガンブルーやブルーイングといわれる青黒く透明感のあるような表面仕上げとは違う「パーカライジング」と呼称される仕上げが一般的で、この流れは戦後の陸上自衛隊装備の銃器にも受け継がれたようで現在も目にすることができる。パーカライジング仕上げを端的に表現すると、ブルーイング仕上げ（黒染め）とは違って比較的ツヤのないオリーブドラブ系がほのかにあるグレー色という感じだ。そこで今回はドライブラシした銀色の定着もかねて、クリアー系のオレンジやグリーン色を吹きつけ、ツヤも消しながら微妙にオリーブドラブ系グレーっぽくしてみた。P89の完成写真では撮影時の照明の当て方で機関部が黒く見えるが、穴の開いた放熱スリーブから銃身にかけて微妙にその色合いが見えるだろうか？ 次回はもっと効果的にパーカライジング仕上げが表現できるよう試みたいと思っている。
4 機銃架と予備履帯へもカラーモジュレーションを施し、チッピングを済ませておく。

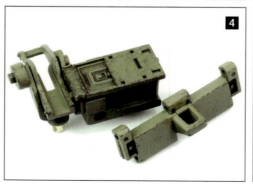

5 予備履帯の色は、戦時中に米軍側で撮影したカラー映像に登場するイージーエイトの例で明らかに車体色のオリーブドラブと同色が塗装されているのを確認できたため、その実例に沿ってみた。設置の際は一定の高さ位置に接着固定できるよう、0.4㎜のプラ板をフェンダーとの間にはさみながら行なっている。

6 車体の要所へ機銃に施したのと同じように、鉛筆と銀のドライブラシで金属感を描き込んでおく。

7 予備履帯同様に、米軍ではOVMも車体色のオリーブドラブを塗装していたことが当時の鮮明なカラー写真からわかっている。これは戦後の陸自車両でも受け継がれていて、現在でもOVMはグミー色である。模型的にはただのグリーン一色では見映えがしないので、木製の柄を茶色に塗り、金属部分はメタリックグレーに塗っている例が多いが、ここはオリジナルにこだわってみた。緑色一色の単調な姿にならぬよう、微妙に木部の塗装がくたびれ、はげかかってきた様子を再現することで金属部分との質感の差を描き出し間延びしない姿を形成する。まず木部には生木の色を水性ファレホカラーで木目方向に沿ってざっと描いておく。

8 ファレホが乾いたら、今度はつまようじの先を鋭くカットしておき、それでやはり木目方向に沿うよう、こすり剥がして調整する。ポイントは柄の先端のエッジ部分を中心にして、自然と使っているうちに緑色の塗装が剥げてきた姿になることを意識して、生木色を残すように剥がしてやることだろう。これを上手くやれればかなり効果的な姿になるので、簡単な作業でもあるから米軍車両を仕上げる際は一度やってみることをおすすめする。

9 10 ペリスコープに貼っていたマスキングテープをつまようじの先を使い、部品や塗装に傷をつけぬようていねいにはがす。そして写真にはないが、マスキングテープのふちにたまって段差が生じてしまった余分な塗料を、ていねいにMr.カラーのラッカー系うすめ液を含ませた細筆で溶かしながら除去してやる。その後、窓部分に対して液状コンパウンド剤を含ませた先の細い綿棒（タミヤ製品を使用）でざっと磨いてやり、ラッカー系うすめ液での拭き取りによって生じた微妙な曇りを除去する。ちなみに、ペリスコープやキューポラのビジョンブロック部分の透明パーツの裏側へは、Mr.カラー137番のタイヤブラックを塗っている。タイヤブラックは転輪のタイヤなど以外でも、いろいろ使えるカラーなので備えておくと便利だろう。

足周りを仕上げる

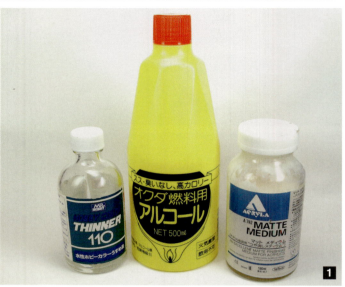

1 足周りの汚し仕上げに入る。土埃汚れはアクリルガッシュを左のMr.水性ホビーカラーうすめ液で溶き、エアブラシで吹きつける。成分の分析を専門的にしたわけではなく個人的な使用感だが、GSIクレオスのうすめ液はタミヤのうすめ液と比べて流動性や揮発性が高いようで、揮発後に残る成分が少ないと感じるため、カラッとした仕上がりを求めるならGSIクレオスを使い、揮発後に残る成分が多く粘り腰でしっとりした仕上げならタミヤを使うといったように使い分けるのも良いだろう。今回はプロモデラー竹内氏紹介の揮発性がさらに高く、残る成分もほとんど無いアルコール燃料も使ってみた。アルコール燃料は製造社ごとにメタノールとエタノールの混合比率が違い、メタノール分が95%から70%程度のものまで複数種が存在する。そこでメタノール95%と75%の2種を薬局で探して購入して比較した。すると竹内氏がタミヤ水性塗料との組み合わせで愛用する95%の方は揮発性がもっとも強いようで、大胆なアルコール落し技法では有効のようだが、私のようにちまちま作業する場合はよりマイルドな75%の方がマッチすると感じた。この後で紹介するゴミ付けの接着剤として使用する写真右のホルベイン水性アクリルマットメディウム（ツヤ消し剤入り）とGSIクレオスの水性うすめ液とアルコール燃料を適宜ブレンドしながら、アルコールの使用感を学習してみた。

2 3 アスカモデルの履帯は貼り合わせ式で凹部溝が実物よりも若干浅い。その表情を補完する意図からも凹部へ不整地走破で付着する土や草木などのゴミを付けてやる。材料は情景素材で発売されているものをミキサー粉砕し、パステル粉を併用しながら使う。作業要点は、一度で一気に埋めようとすると、いかにもうそっぽい感じになりがちなので、2、3回に分けて微妙な表情を重ねながらすすめるとよいだろう。

4 5 車体各部にも履帯同様に汚しの表情をつける。あまりくどい汚しをしてしまうとカラーモジュレーションで行なった微妙な色調変化の演出が死んでしまうことになる。そこで今回はとくにアルコール落し技法は使わず、従来技法を使いながらパステル粉とゴミ材による立体感の出る汚しの表情を中心に、要所要所を選んで施すようにした。そのため、ほとんど汚しを入れずにモジュレーション表情が残る箇所も多く残す。きたなくなり過ぎない汚しをすることで、派手目の汚し仕上げとはまた違う、しっとりとにじみ出てくるようなリアルさを表現したいと考えた。

M4A3E8 "EASY EIGHT" w/T66 Tracks
ASUKA MODEL 1/35
Injection-plastic kit
Modeled by Makoto TAKAISHI

●派手なカラーモジュレーションとど派手な汚しの競演は、見た目のインパクトにも大変有効だ。しかしそれが時としては大げさな芝居に見える場合もある。実物が持つ存在感とは過剰演出が不要であり、見ているうちにいつの間にか引き込まれるものがあるだろう。今回はそんな姿を表現してみたいと考えた。

●ファンタジックなカラーモジュレーションでも結果的な印象として不自然さを感じさせないことがあるのは、色調変化の演出以上に大幅で強調されたの汚し仕上げを施すことで生まれる対比効果が大きいからだと受け止めている。

M4A3E8 "EASY EIGHT"

知っておきたい
戦車模型の極めかた
Finishing Techniques of AFV Model
塗装／ウェザリングテクニックガイド

■スタッフ STAFF

編集 Editor	アーマーモデリング編集部 Armour modelling editing office
撮影 Photographer	株式会社インタニヤ ENTANIA
アートディレクション Art Directorr	丹羽和夫（九六式艦上デザイン） Kazuo NIWA

知っておきたい 戦車模型の極めかた
塗装/ウェザリングテクニックガイド

発行日	2017年1月15日 初版第1刷
発行人 発行所	小川光二 株式会社 大日本絵画 〒101-0054 東京都千代田区神田錦町1丁目7番地 Tel 03-3294-7851(代表)
URL	http://www.kaiga.co.jp
編集人 企画／編集	市村弘 株式会社 アートボックス 〒101-0054 東京都千代田区神田錦町1丁目7番地 錦町一丁目ビル4階 Tel 03-6820-7000(代表)
URL	http://www.modelkasten.com/
印刷／製本	大日本印刷株式会社 Publisher/Dainippon Kaiga Co., Ltd. Kanda Nishiki-cho 1-7, Chiyoda-ku, Tokyo 101-0054 Japan Phone 03-3294-7861 Dainippon Kaiga URL; http://www.kaiga.co.jp Editor/Artbox Co., Ltd. Nishiki-cho 1-chome bldg., 4th Floor, Kanda Nishiki-cho 1-7, Chiyoda-ku, Tokyo 101-0054 Japan Phone 03-6820-7000 Artbox URL; http://www.modelkasten.com/

©株式会社 大日本絵画
本誌掲載の写真、図版、イラストレーションおよび記事等の無断転載を禁じます。
定価はカバーに表示してあります。
ISBN978-4-499-23201-2

内容に関するお問い合わせ先	03(6820)7000 (株)アートボックス
販売に関するお問い合わせ先	03(3294)7861 (株)大日本絵画